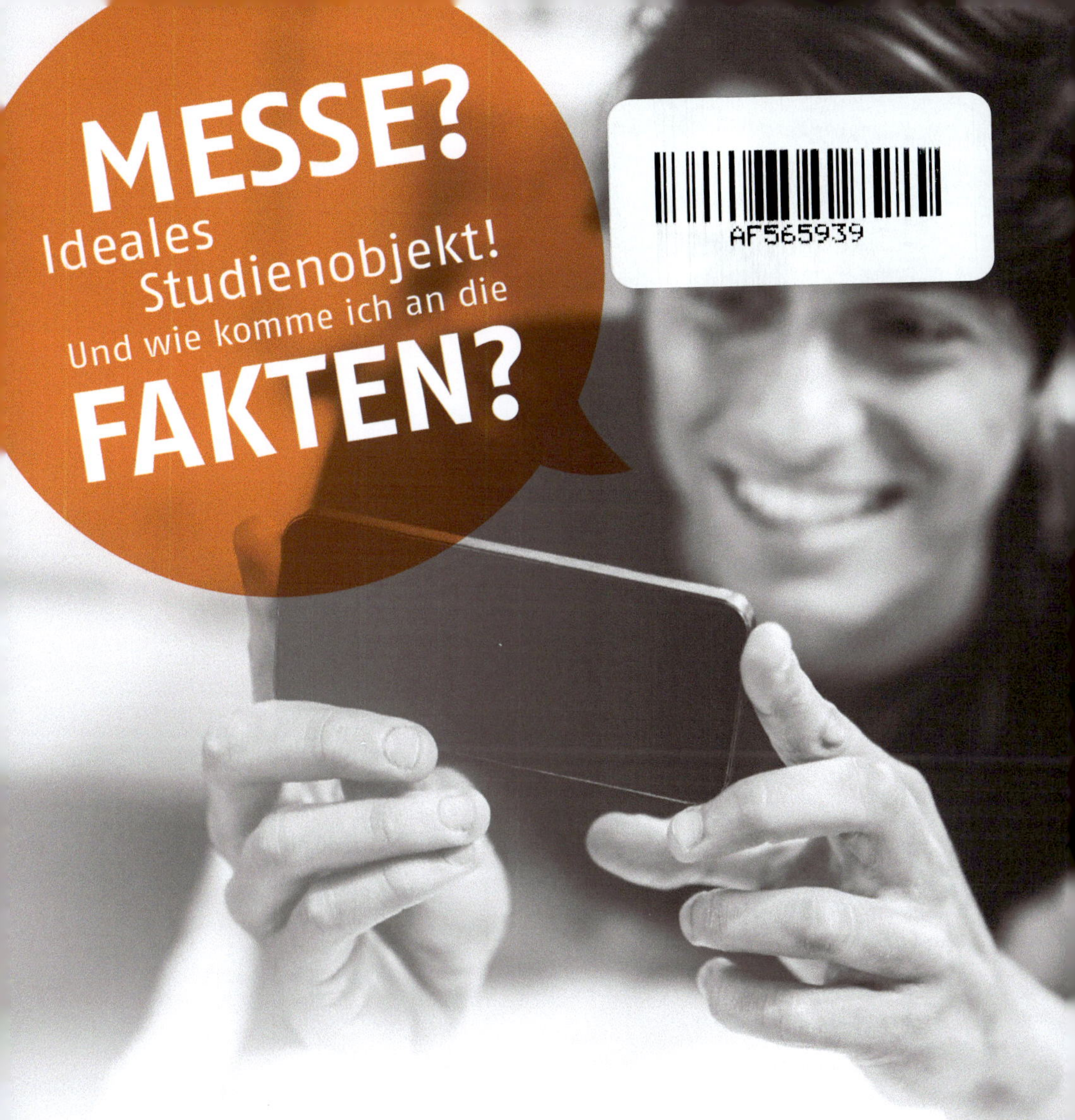

Stefan Luppold (Hrsg.)

DIGITALE TRANSFORMATION IN DER MICE-BRANCHE
MESSE-, KONGRESS- UND EVENTMANAGEMENT IM WANDEL

Stefan Luppold (Hrsg.)

DIGITALE TRANSFORMATION IN DER MICE-BRANCHE

MESSE-, KONGRESS- UND EVENTMANAGEMENT IM WANDEL

Bibliografische Information der Deutschen Nationalbibliothek
Die Deutsche Nationalbibliothek verzeichnet diese Publikation in der Deutschen Nationalbibliografie; detaillierte bibliografische Daten sind im Internet über http://dnb.dnb.de abrufbar.

ISBN Paperback: 978-3-946589-17-4
ISBN Hardcover: 978-3-946589-18-1
ISBN E-Book: 978-3-946589-19-8

WFA Medien Verlag | Patrick Haag, Uhlandstr. 65, 71299 Wimsheim

Cover: Denise Staudacher

www.wfa-medien-verlag.de

Vorwort des Herausgebers

Die DHBW Ravensburg ist eine Institution, wo die MICE-Branche eine hohe Dichte an akademisch-theoretischem Wissen und gleichzeitig praktischer Fach- und Führungskompetenz verortet weiß. Der Studiengang Messe-, Kongress- und Eventmanagement, mit mittlerweile rund 2.000 Alumni seit vielen Jahren etabliert und sehr präzise auf genau diesen Mix an Theorie und Praxis ausgerichtet, will auch für die Absolventen ein Treffpunkt bleiben.

Um dies mit Inhalt zu füllen wurde von Professor Beier, der diesen Studiengang gegründet und viele Jahre begleitet hat, eine biennale Summer University ins Leben gerufen; Absolventen sollen sich im zweijährigen Turnus ein Update abholen können, gleichwohl auch Vertreter der dualen Partnerunternehmen und Repräsentanten der Fachverbände und Branchenmagazine.

Im Jahr 2018 wurde das Konzept verändert: nicht mehr Beiträge aus verschiedenen Themenbereichen, sondern Content zu einer ganz spezifischen Fragestellung wurde zusammengetragen. Da uns bereits intensiv die Digitale Transformation beschäftigte und ohne absehbares Ende weiter beschäftigen wird, wurde dies zur Überschrift, zum Fokus der Summer University. Zehn Experten und damit zehn Elemente der Digitalen Transformation wurden den Teilnehmern in Vorträgen und Workshops nähergebracht. Trotz dieser thematischen Konzentration blieb das Destillat ein buntes, vielfältiges, nuancenreiches.

Wir erfuhren etwas zum Mix an digital und analog, zu Live-Kampagnen, die aus traditionellen Bestandteilen und neuen Elementen ein hybrides Konstrukt ergeben. Wolfgang Altenstrasser von Vok Dams stelle uns dies entlang von Beispielen vor.

Anders und doch auch auf Business-Events gerichtet zeigte uns Oliver Malat von Klubhaus. Future Work das Erschließen von kollektiver Intelligenz durch Live Collaborations auf – hier ist digital insbesondere das Werkzeug, um die Beteiligung von Menschen in einer großen Organisation zu ermöglichen.

Timo Kargus von der World Hosting Days GmbH überraschte damit, dass ausgerechnet einer der explizit digitalen Wirschaftssektoren sein kommunikatives Glück in einer analogen Begegnung findet – und dies nicht an einem beliebigen Ort und mit einem Standard-Setup, sondern im Europapark und als mehrtägiges Festival.

In einen Zukunftsraum mit Sprachassistenten, virtueller und erweiterter Realität sowie Drohnen und Robotern entführte uns Phil Zinser vom Digitalen ZukunftsZentrum Allgäu-Oberschwaben. Und bahnte uns einen Weg, um Mögliches verstehen, beurteilen und gegebenenfalls anwenden zu können.

Professor Gernot Gehrke von der Hochschule Hannover konnte nicht in Ravensburg sein, hatte aber via digitaler Konserve Ergebnisse eines Forschungsprojekts zu Human-Resource-Herausforderungen für die MICE-Branche beigesteuert.

Einen Blick in die Messewirtschaft bot uns Philip Häußler von der Messe Augsburg; er schilderte die Perspektive der Veranstalter hinsichtlich der Nutzung von Augmented Reality.

Lydia Vierheilig von der Bayern Innovativ GmbH gab Erfahrungen zu Suchmaschinen-Optimierung und Teilnehmer-Akquise weiter; ihre Untersuchungen hierzu hatten ihr bereits den Deutschen Forschungspreis für Live-Kommunikation eingebracht.

Noch einmal einen Perspektivenwechsel nahm Christian Münch von der Planworx AG vor. Er richtete den Blick nach innen und skizzierte aus eigener Erfahrung, was Digitale Transformation für die internen Prozesse einer Agentur bedeutet.

So konnten die Teilnehmer der Summer University ein großes Bündel an Anregungen und Einblicken mit nach Hause nehmen. Digitale Transformation von der produktpolitischen Evolution durch die Hybridisierung von Corporate Events bis zur vermeintlich banalen Workflow-Optimierung mit elektrifizierter Zeiterfassung und papierfreiem Urlaubsantrag. Selten ist ein solches Line-Up an Experten, nur gelegentlich eine solche Agenda relevanter Aspekte anzutreffen. Das motivierte zur Arbeit an einem Konferenzband, den Sie gerade lesen – digital als eBook oder analog als klassisches Buch. Proceedings als Nachschlagewerk und Erinnerungshilfe, aber insbesondere auch zur verbesserten Zugänglichkeit: für all diejenigen Menschen der MICE-Branche, die sich mit Digitaler Transformation beschäftigen. Und sich nicht damit zu beschäftigen ist sicherlich riskant.

Dieses Buch erhebt nicht den Anspruch, ein Fachbuch zu sein. Es offeriert den Interessierten Beiträge, die durch den Erfahrungskontext der Autoren eine sehr hohe Praxisrelevanz aufweisen und damit, instruktiv, ihren Wert entfalten.

Ich wünsche Ihnen nicht nur Freude beim Lesen, sondern insbesondere den einen oder anderen Erkenntnis-Moment: wenn Sie auf etwas stoßen, von dem Sie noch nicht einmal wussten, dass Sie es nicht wussten. Schwarze Schwäne sind im Thema Digitale Transformation reichlich verborgen!

Professor Stefan Luppold
Dezember 2018

Vorwort

Liebe Leserinnen und Leser,

im Auftrag des AUMA, Ausstellungs- und Messe Ausschuss der Deutschen Wirtschaft, dem Branchenverband der gesamten Messewirtschaft, darf ich für die Gelegenheit danken, mich als Partner der Meeting Incentive Congress und Event Industrie an Sie wenden zu dürfen. Wir sitzen alle im selben Boot, denn wir sind nicht Messe- oder Eventbranche, auch nicht die Meeting- und Incentive-Industrie sondern uns ist gemeinsam: Wir bewegen uns und engagieren uns in der Branche der b2b- oder b2c-Live-Kommunikation mit face-2-face Situationen im dreidimensionalen realen Raum unter Beanspruchung möglichst vieler Sinneskanäle. Die digitale Transformation betrifft uns alle und trifft uns je nach Kommunikationskonzept mal mehr oder weniger. Viele der Aktivitäten, die die Erreichung der Kommunikationsziele von Unternehmen unterstützen sollen und wollen, sind bereits aus der analogen Welt verschwunden und ihre digitale Transformation war und ist mit Effizienzsteigerung verbunden. Weniger Papier ist nur ein Stichwort. Viele durch Digitalisierung ermöglichte Kommunikationskanäle haben analoge Kommunikationskanäle aber nicht vollständig ersetzt, häufig nur ergänzt. So bleibt bis heute das persönliche Gespräch am Messestand im Umfeld zahlreicher Wettbewerber und Kunden auf den benachbarten Ständen durch digitale Transformation nicht substituierbar. Sollte dies eines Tages gelingen, menschlichen Kontakt digital zu simulieren, wird in der Tat der Kern des Messewesens verloren gehen. Soweit sind wir aber noch nicht. Auch die spektakulärste Absage einer Leitmesse im digitalen Umfeld ist nicht der Anfang vom Ende der Messewelt, wird es doch weiterhin über 150 internationale Messen pro Jahr auf dem Messeplatz Deutschland geben. Auch mehr als 10 Mio. Tagesbesucher auf deutschen Messen und konstant hohe Etats der deutschen Aussteller beruhigen zumindest ein wenig, sollen aber nicht verhindern, wachsam zu sein. Deshalb gilt unser Dank Herrn Professor Luppold und seinem Team von der Dualen Hochschule Baden-Württemberg (DHBW) für die Zusammenstellung der vorliegenden wissenschaftlichen Publikation zur Summer University 2018 in Ravensburg. Wir begrüßen ausdrücklich die zielführende Diskussion zur Entwicklung neuer

Formate und Instrumente in der Marketing-Kommunikation, auch bieten wir mit unserem Institut der Deutschen Messewirtschaft und der Deutschen Messebibliothek gerne unsere Dienste an und stehen für einen wissenschaftlichen Dialog zur Weiterentwicklung der Live-Kommunikation gerne zur Verfügung.

Übrigens: In der Deutschen Messebibliothek beim AUMA findet man, auch online-recherchierbar, kongress- und eventfachliche Literatur!

Wir wünschen viel Freude beim Lesen der vorliegenden Diskussionsbeiträge.

Dr. Peter Neven
Hauptgeschäftsführer AUMA

Inhaltsübersicht

GANZHEITLICH UND PRAGMATISCH

DIGITALE TRANSFORMATION IN DER MICE-BRANCHE

Stefan Luppold

Ein Megathema, ein Megatrend: Roboter betreuen Alte und Kranke, Maschinen sind vernetzt und funktionieren ohne uns, PKW und LKW fahren selbständig, KI (Künstliche Intelligenz) generiert treffsicher medizinische Diagnosen und beauftragt vorausschauend Wartung an Gebäuden und technischen Einrichtungen (Predictive Maintenance), die Rechenleistung von Prozessoren wird in absehbarer Zeit die unserer Gehirne übersteigen. Ist da der Begriff „Live-Kommunikation" nicht überholt, werden unsere klassischen Messen, Kongresse und Events nicht zwangsläufig virtuell? Oder bieten sich mehr Chancen als Risiken, wenn wir es richtig angehen?

Wir befinden uns in einem Wandel, das steht außer Frage – wenn auch für viele von uns unmerklich, da konstant und nicht mit einem *Big Bang*, wie vor mehr als zehn Jahren etwa das iPhone von Apple. Erinnern wir uns an ältere Kongresszentren, die bereits vor 30 Jahren mit sogenannten Videokonferenz-Studios ausgestattet wurden. Heute meist als Lagerraum genutzt – wie viele fest eingebaute Dolmetscherkabinen. Die Befürchtung, die Kapazitäten der Kabelkanäle reichten nicht in die Zukunft, erzeugt heute eher ein Schmunzeln und einen Blick auf Router und Repeater. Büros werden zu Co-Work-Spaces, Tablets und Smartphones sind Eigentum der Mitarbeiter – *byod* (bring your own device) – und Besprechungsräume werden zu Holodecks.

Begonnen hat das jedoch schon sehr früh, möglicherweise mit dem *Spatial Turn* in den 80er Jahren: Im kultur- und sozialwissenschaftlichen Kontext wurde der Raum – wieder – wahrgenommen, nicht die Zeit allein bildet die kulturelle Größe. Besonders am virtuellen Raum des Internets wird deutlich, dass eine neue Raumauffassung erforderlich war, die den Raum nicht nur als ein dreidimensionales Behältnis versteht, in dem sich Menschen bewegen. Stattdessen sehen wir ihn heute als das Resultat sozialer Beziehungen, das dem Interesse und Handeln einzelner Menschen oder Gruppen entspringt. Der reale Raum wird ergänzt durch soziale und kulturelle Raumwahrnehmung. Das entspricht zumindest der Gemengelage, die sich schließlich in Messen, Kongressen und Events entsprechend ausprägt, immer einschließlich der virtuellen Komponenten.

So auch für diejenigen, die Mitglieder eines sozialen Netzwerks sind und dadurch den Schlüssel zum Zutritt haben, dadurch „mit dazu gehören" und Teil einer Community in diesem Raum sind. Möglicherweise vergleichbar mit den Wirtschaftsclubs unserer Vorfahren, deren Mitglieder sich Zigarre rauchend und Zeitung lesend in Sitzgruppen zum Austausch und Geschäfte machen trafen. Das Grundbedürfnis einer Zugehörigkeit bleibt also, ebenso wie die Notwendigkeit eines Austausches mit anderen Menschen und der Sehnsucht nach Rückmeldung zu eigenen Meinungen und Ansichten.

Aktuell erleben wir in zwei großen Wellen Veränderungen der Live-Kommunikation:

Einerseits durch von der Weisheit der Vielen beeinflusste kollaborative und interaktive Formate (World Café zählt ebenso dazu wie das schon über 30 Jahre alte Open Space) sowie andererseits digitale Komponenten (Live Streaming plus X) als Reichweitenverlängerung mit Teil-Substitutions-Charakter.

Wie kommunizieren Unternehmen und Verbände in der Zukunft, welche Implikationen lassen sich hinsichtlich eines technologischen Fortschritts bei Unternehmens- und Verbandsveranstaltungen diagnostizieren? Dieser Frage durfte ich in einem Workshop auf den Grund gehen, der 2018 im Rahmen der Veranstaltung *DHBW Fachtag Digitale Transformation* stattfand:

Neben der eigenen Erfahrung der Teilnehmer griffen wir auf das zurück, was aktuell in der Branche diskutiert und publiziert wird; so etwa das im Dezember 2017 erschienene *Pink Paper 02* von *Jazzunique*, in dem beispielsweise das schöne und wertige Wortspiel nicht nur mehr Teilnehmer, sondern mehr Teilhabe zu finden ist. Und, obwohl meist auf der Seite der Prognostiker großer Veränderungen zu finden, auch ein Beitrag des Trendforschers *Matthias Horx*, in dem er davon berichtet, dass die Digitalisierung übertrieben wird. Sehr plastisch erläutert er das anhand des Booms von Holz, regionalen Lebensmitteln, von Vinylschallplatten und Liebesbriefen.

Unbestritten das Resultat einer Befragung des *Fraunhofer IAO* (Institut für Arbeitswirtschaft und Organisation) im Rahmen einer Studie für das *GCB* (German Convention Bureau):

Technologie, so die Rückmeldung von Praxisexperten, ist der gesellschaftliche Megatrend Nr. 1! Aber, nochmals zurück auf die Problemstellung der digitalen Transformation gebracht, als Change und Ersatz von Live-Kommunikation oder als Innovation und Verbesserungs-Booster?

Die kleine Gruppe der Labor-Mäuse meines Workshops war sich darin einig, dass die Nutzung von Schwarm-Intelligenz, damit beispielsweise die Entwicklung von neuen Ideen, hinsichtlich Qualität und Kreativkraft besonders gut in einem realen Raum gelingt. Dies durch Technologie zu unterstützen – iPad-Eingabe statt Kärtchen an Metaplan-Wände pinnen – mag dann sogar Vorteile generieren: anonyme und damit freie Mitteilung eigener Gedanken, rasche und umfangreiche Lieferung von Ideen, schnelle Abstimmungen und Abfragen. Wichtig bleibt die Konfiguration der richtigen Rolle der Teilnehmenden – aktiv und als Experte, nicht passiv und reiner Konsum. So wird Technologie zum Unterstützer in einer analogen Welt, liefert Werkzeuge für die Interaktion, kann physische Räume überwinden und in Zeiten von Agilität und Disruption eben auch in großen Organisationseinheiten angewandt werden.

Damit scheitert die *Weisheit der Vielen* nicht mehr an räumlichen Grenzen – denken wir etwa an die Einbeziehung von Mitarbeitern aus geografisch verteilten Niederlassungen – weil eine digitale Brücke gebaut wird. An verschiedenen Orten wird gleichzeitig konferiert, jeweils moderiert, an einem ausgewählten und zentralen Ort dann konsolidiert. Es bleibt in gewisser Weise überall bei den bekannten und bewährten Live-Kommunikations-Elementen, aber die elektronische *Konferenz-Spinne* klammert und führt zusammen. Zweifelsfrei nur dann erfolgreich, wenn das Werkzeug (hier die Übertragungs- und Visualisierungstechnologie) hochwertig geleitet und professionell inszeniert eingesetzt wird.

Eine weitere Erkenntnis der Workshop-Runde war, dass zukünftig stärker nach den Zielen einer Begegnung ausdifferenziert werden muss. Geht es um die reine Übertragung von Nachrichten, die Lieferung von Informationen, die Übermittlung von Content, dann kann das häufig schneller und besser in virtueller Art und Weise erfolgen. Die digitale Welt stellt uns hier beste Instrumente zur Verfügung. Jeder hat schon mit *Skype* gearbeitet – wir an der Hochschule nutzen das beispielsweise für Kolloquien, in denen die Themen für Bachelor-Arbeiten mit jenen Studenten abzustimmen sind, die sich gerade im Auslandssemester befinden. Konzentriert und nüchtern, sachlich und zielorientiert. Trotz mehrerer tausend Kilometer Distanz und unterschiedlicher Zeitzonen kommt es zu Dialog, Austausch und schließlich einer Problemlösung.

Diese Überbrückung von Zeit und Raum durch elektronische Hilfsmittel ist nicht neu, bereits das Telefon hat sich als Schlüsseltechnologie der digitalen Transformation von persönlichen Gesprächen erwiesen. Auch andere Konzepte, auf Monolog und Informationsbereitstellung fokussiert, sind seit Jahrzehnten bewährt. Denken wir nur an die Sendungen des *Telekolleg* in den damals neuen 3. Programmen – Chemie, Physik, Mathe und Geschichte im heimischen Wohnzimmer mundgerecht serviert. Heute, auch dank digitaler Tools, mit interaktiven Komponenten ausstattbar – Rückfragen und Diskussionsbeiträge per Klick.

Dann jedoch die Einschränkung, wenn es um Socializing geht – im *Duden* charakterisiert als *berufliche Kontaktpflege im Rahmen von geselligen Treffen*. Digitale Geselligkeit, virtuelles Matchmaking, elektronisch gestützte informelle Kommunikation: da sind die Grenzen deutlich, die Wirkung fragwürdig und ein möglicher Nutzen zunächst nicht erkennbar. Das mag sich wandeln, durch Technologien wie *VR* (Virtuelle Realität) und *AR* (Augmented = erweiterte Realität) und deren Zusammenführung als sogenannte *Mixed Reality*.

Interessant dann noch einige Aspekte, die aus der Diskussion des Workshop-Teams entstanden (hier im Kontext der Frage, ob solche Aspekte von den Protagonisten meines Workshops auch im Rahmen eines Conference Calls oder einer Video-Konferenz geschürft worden wären...):

- Nicht online oder offline ist die Zukunft, sondern online UND offline – wir benötigen Konzepte, die sich an der jeweiligen Aufgabenstellung orientieren. Deshalb sind beide Ansätze wichtig, eventuell intelligent konstruiert und verbunden in einer hybriden Kombination!
- Virtuelle Treffen mögen den Teilnehmern momentan einen Vortragenden in guter visueller und akustischer Qualität liefern; allerdings fehlt dem Referenten – oder Erzähler – der Blick ins Plenum, das Gefühl für den momentanen Zustand der Zuhörer, die Rückkoppelung durch Bilder der Teilnehmer!
- Dennoch ist dies wertiger als eine reine Videobotschaft – die Wirkung ist die, dass der Vortragende *jetzt gerade für uns und zu uns spricht!*
- Allerdings bleiben die Emotionen im Vergleich zu einer tatsächlichen Anwesenheit im Raum gedämpft; trotz 3D-Projektion oder Holografie in bester Qualität: es bleibt der Unterschied bestehen, ob jemand physikalisch im Raum ist oder nur sein virtuelles Abbild!
- Digital bietet zumindest den Vorteil der Dokumentation – um das Verstehen oder Lernen zu unterstützen kann ich, auch im zeitlichen Nachlauf, wiederholen, stoppen, zurückspulen!

Trendforscher und Experte für New Living, *Harry Gatterer*, Geschäftsführer des *Zukunftsinstituts*, erzählte mir bei einem Treffen (in der Realität und sehr nachhaltig, nicht nur wie wir dabei in Frankfurt exzellent indisch gegessen haben...), dass er generell in *anwesende* und *abwesende Zukunft* unterteilt. Die anwesende ist hier genau die, von der wir schon recht konkret wissen, wie sie ausschaut, weil sie uns bereits umgibt, so beispielsweise das digitale Flipchart: nachdem der Schreibblock vom Tablet ersetzt wurde war zu erwarten, dass dieser Wandel vom Analogen zum Digitalen auch an anderer Stelle sinnstiften eingesetzt werden kann. Wie etwa beim traditionellen Flipchart, das uns in der

Veranstaltungswirtschaft schon lange begleitet. Hier erinnern wir uns an einige technologische Zwischenschritte, etwa das Copy-Board als Eyecatcher im innovativen Meeting-Raum. Nun ist das Visualisieren noch einfacher, noch intuitiver und eben *State of the Art* möglich; mit einem volldigitalen Gerät, das die Ergebnisse des Meetings direkt per Email an die Teilnehmer sendet, immer genügend leere Blätter bereithält (ohne die Rückseite der bereits beschrifteten verwenden zu müssen) und, so die Argumentation eines der Anbieter, nie wieder Probleme durch eingetrocknete Stifte bereitet! Deutlich schwieriger ist die Einschätzung einer abwesenden Zukunft: was folgt auf immer flacherer Devices mit immer größeren Displays und längerer Akku-Laufzeit – die *Google Glasses* oder *Smart Implants*?

Gehen wir, zumindest für die anwesende Zukunft, davon aus, dass beide Welten noch mehr zusammenwachsen und das Konzept hybrider Live-Kommunikation vom Außergewöhnlichen und Besonderen zum Normalen migriert. Und gehen wir davon aus, dass wir Lösungen zu diesen Fragen vielleicht, mit einem Blick zurück, in der Vergangenheit finden können: das Tor beim Live-Spiel auf dem Fußballplatz wird auf der Anzeigentafel in Zeitlupe wiederholt, Public Viewing – gemeinsam Schauen mit Gleichgesinnten – ist wirkungsvoller als alleine zu Hause ein Spiel zu konsumieren. Wichtig bleibt die Zielsetzung der Begegnung – ob nun klassisch von Angesicht zu Angesicht oder digital transformiert; sie bestimmt letztlich, wie wir das wirkungs-voll ausgestalten können.

So bei Messen oder Events, wo wir zukünftig noch bewusster auf die Wirkung einer Begegnung fokussieren und die von *Christian Mikunda* als *Gerümpel-Totale* bezeichnete Situation vermeiden müssen. Ein Setup von Produkten oder Marken-Elementen im realen Raum plus eine virtuelle Erweiterung des Messestandes oder der Eventfläche zur situativen Vertiefung. Wir sollten allerdings die Gäste, Besucher, Kunden oder Teilnehmer nicht alleine ins elektronische Nirwana schicken, indem wir ihnen, kaum *face-to-face* bei uns eingetroffen, direkt eine VR-Brille überstülpen und damit zwar Zusatzinfos aber eben auch mehr Distanz schaffen. Gehen wir gemeinsam mit ihnen dorthin, begleiten wir sie zu den digitalen Exponaten und den inszenierten virtuellen Erlebnissen. **Dialog** bleibt so – richtigerweise – im Zielsystem unserer Corporate Communication ganz weit oben!

Einige dieser Aspekte finden sich in dem Praxishandbuch Kongress-, Tagungs- und Konferenzmanagement, das der Autor gemeinsam mit Claus Bühnert herausgegeben hat. Teile dieses Beitrags wurden in der Zeitschrift eventlocations 01/2018 veröffentlicht.

DIGITAL UND ANALOG

LIVE-KAMPAGNEN OHNE ZUKUNFT?

Wolfgang Altenstrasser

Die Krise der Kommunikation

In diesem Artikel soll es darum gehen, welche Bedeutung in der Markenkommunikation heute die digitale Kommunikation gegenüber der analogen (face-to-face) hat und wie man am besten beides miteinander verknüpfen kann. Doch vorab ein kurzer Blick auf den Status Quo der Kommunikation vor dem Hintergrund der fast unendlichen Kommunikations-Möglichkeiten dank der Online-Kanäle.

Vielleicht haben Sie ja schon einmal den Werbespot für ein Abnahmeprodukt gesehen, in dem eine junge Frau über den Strand läuft mit ihrem Hund und aufmerksame Blicke von gut gebauten Life-Guards erntet. Dann die Stimme aus dem Off: „Wenn Sie schon morgen eine Bikini-Figur benötigen…"

Interessant wie hier das Wort „morgen" genutzt wird. Jeder weiß natürlich, dass es nicht an einem Tag geht. Es meint irgendwann einmal – hoffentlich. Wir nehmen keinen Anstoß an dieser Verwendung, weil wir ja wissen, dass Werbung immer übertreibt.

Der Philosoph Martin Heidegger hat einmal gesagt: „Die Sprache ist das Haus des Seins. In ihrer Behausung wohnt der Mensch. Die Denkenden und Dichtenden sind die Wächter dieser Behausung."

Versagen gerade die Dichter und Denker dieser Nation? Lügenpresse und Fake News sind zu Schlagwörtern geworden. Jede Nachricht ist interessengetrieben und nicht immer nachprüfbar. Im Internet finde ich zu fast jedem Sachverhalt viele Aussagen, die sich oft widersprechen. Das Ergebnis: Immer mehr Menschen und damit auch Kunden verlieren das Vertrauen in die Kommunikation. Woran liegt es? Um es klar zu sagen – die Reduzierung der Sprache auf Social Media Posts schränkt unsere Kommunikations-Fähigkeit extrem ein. Es fehlen wichtige Elemente wie Körpersprache, haptische Erlebnisse, intuitives Verständnis vor allem aber echter Dialog. Der Kunde möchte in die Kommunikation einbezogen werden.

Schauen wir, wie innovative Markenkommunikation dieses Vertrauen wieder herstellen kann, wie erfolgreiche Zielgruppenansprache funktionieren kann.

Analog bedeutet Begeisterung

Die analoge Kommunikation findet in der realen Welt statt oder wie der Mega-Blogger Sascha Lobo sagt in der Kohlenstoff-Welt. Wir meinen damit jedes Event oder jede Live-Marketing Maßnahme.

Hier ist der Ort für besondere Wow-Effekte, hier erlebe ich Kommunikation mit allen Sinnen, hier ist die Kontaktintensität am höchsten.

Ein paar Beispiele:

Bayer

Bayer feiert mit 30.000 Gästen in der BayArena Leverkusen ihr Jubiläum. Unvergesslich der Moment als die 30.000 das bislang größte lebende Bayer-Kreuz der Welt bildeten.

BMW THE NEXT 100 YEARS

Eine Jubiläumsfeier der anderen Art – zum Start des Jubiläumsjahres blickt BMW mit einer atemberaubenden Auftaktveranstaltung in die Zukunft. Kein klassischer Festakt mit hohem Redeanteil, sondern eine große, emotionale Jubiläumsshow. Als Treiber der individuellen Mobilität der Zukunft richtet BMW dabei den Blick ganz klar nach vorne auf: THE NEXT 100 YEARS. Auch hier Gänsehaus pur.

Holi Festival of Colors

Tausende junger Menschen bewerfen sich zu rhytmischer Musik mit Farbe und erleben so ein außergewöhnlich intensives Gemeinschaftserlebnis.

Damit wäre doch eigentlich alles klar. Live-Marketing ist das Gebot der Stunde für die Markenkommunikation, wenn da nicht noch ein kleiner Haken wäre. Live-Marketing ist teuer. Bei einem professionellen Event liegen die Kosten pro Kontakt im Durchschnitt bei 300 bis 500 Euro. Schauen wir mal, was die digitale Kommunikation zu bieten hat.

Digital bedeutet Reichweite

Digitale Kanäle bieten die Möglichkeit, eine hohe Reichweite zu erzielen und die Kommunikation untereinander zu fördern. Die Kosten pro Kontakt sind gering, virale Kommunikation sorgt für Verbreitung und earned Value. Der Consumer wird aktiv eingebunden.

LEXUS Pressekonferenz auf der IAA 2017

Die Grenzen einer üblichen Pressekonferenz überschritt LEXUS auf der IAA 2018 deutlich.

Mixed Reality wurde zum ersten Mal als individuell erfahrbares Erlebnis in Form einer geführten Pressekonferenz durch die innovative Welt von LEXUS inszeniert. Das besondere der Präsentation – die Journalisten waren an keine festen Zeiten und Termine gebunden, sondern konnte das hybride Erlebnis des Standes jederzeit, frei nach ihrem Terminkalender genießen. Die ca. 15minütige interaktive Präsentation erfolgte mithilfe der Mixed-Reality Brille „Microsoft HoloLens“.

Also Live-Erlebnis auf der einen Seite und Reichweite auf der anderen. Was läge näher als die beiden Kanäle miteinander zu verbinden.

Analog und Digital = hybride Events

Das Zusammenspiel von Live-Erlebnis und webbasierten Kommunikationskanälen hat die Eventbranche nachhaltig verändert. Wir sprechen heute von hybriden Events. Die Erfahrungswerte unserer Agentur zeigen, dass inzwischen fast 94% aller Kundenbriefings den Wunsch nach hybriden Element enthalten. Dabei handelt es sich schwerpunktmäßig um Veranstaltungsapps oder Social Media Plattformen.

Das Hybrid Event unterstützt den Trend der Demokratisierung der Business-Kommunikation – weg vom Unternehmen hin zu den Usern. Und es ermöglicht eine neue Dimension der klassischen Eventziele – tiefergehende Information, mehr Motivation und vor allem ein echtes Involvement der Teilnehmer.

Ein schönes Beispiel für das Zusammenspiel von live und digital bietet das Projekt von Ball Packaging Europe.

Aufgabe

Mehrwert heißt, die Marke eines Unternehmen oder deren Produkten mit allen Sinnen zu erleben. Gerade in einer Zeit, in der es immer schwieriger wird, die Aufmerksamkeit der Consumer zu erhalten, in der man sich im harten Wettbewerbsumfeld differenzieren muss, wird fieberhaft an neuen Kommunikations-Ideen gefeilt und gern auch schon mal auf Bewährtes zurückgegriffen.

Vor dieser Herausforderung stand auf Ball Packaging Europe, einer der größten Hersteller von Getränkedosen.

Einer Getränkedose Leben einzuhauchen, bedarf es einer all-umfassenden Kampagne, die besonders junge Consumer auf vielen Ebenen anspricht und das neu und anders – eben eine 360°-Kampagne.

Die Getränkedose wird gemeinhin (lt. Marktforschung) mit „frisch“ und „modern“ assoziiert. Jedoch sind viele Konsumenten gegenüber den Umweltargumenten der Getränkedose skeptisch. Die Aufgabe war es also auf innovative Art und Weise glaubwürdig Vertrauen zu schaffen – in einem erfrischenden Kontext.

Ziel des Content Marketings war es, die starken Umweltargumente zur Getränkedose nachhaltig zu verbreiten und die Fakten analog und digital zu kommunizieren. Das Erfrischende und Spritzige, das mit der der Getränkedose assoziiert wird, sollte zudem genutzt werden, um sie stärker in den Fokus der jungen Konsumenten zu rücken.

Umsetzung

Gerade Live Campaigns sind in der Lage, andere Mediakanäle wie TV, Print, PR und andere in die Marketing-Kommunikation zu integrieren.

So stand auch das Hybrid Event im Mittelpunkt der Live Campaign von Ball. Social Media Maßnahmen führten auf das Event hin.

Hierzu wurde zunächst die Homepage www.dosionair.de geschaltet. Auf dieser Seite konnten kreative und inspirierende Opinionleader ihren Fans ihre Gedanken und Visionen zur Getränkedose mitteilen.

Da die Marktforschung auch zeigte, dass besonders junge Konsumenten gerne Getränkedosen am Kiosk kaufen, übersetzte der „Fresh Up Kiosk“ dabei die Idee des Dialogs in einen Pop-Up Kiosk als realen Kontaktpunkt – als Live-Erlebnis.

Und so konnten die Konsumenten die Dose live am „Fresh Up Kiosk" bei den Events der „smart beach tour" erleben – einer Beachvolleyball-Tournee durch deutsche Großstädte – von Norderney über Hamburg bis zum Frankfurter Roßmarkt.

Dosionair.de und die Getränkedose wurden somit mit anderen Live Campaign-Elementen wie Sponsoring (smart beach tour), Promotion, Guerilla-Aktionen, klassischer Kommunikation und PR verzahnt.

Um die lokale Reichweite des Kiosks zu erhöhen, wurden darüber hinaus Rikschas als mobile Hubs des Kiosks eingesetzt. 3 der 5 eingesetzten Rikschas wurden dabei von Coke-Zero, Warsteiner und Mixery markentypisch bespielt. Alle Rikschas hatten eines gemeinsam: die Generierung von User Generated Content und den Dialog über die Getränkedose. In der Coke-Zero Rikscha konnte gegen Manuel Neuer digital auf dem iPad ein Elfmeterschießen gespielt werden.

Bei Warsteiner gab es eine Rockstar-Fotoaktion, die das Festival-Engegement der Marke unterstrich. Das Foto mit den meisten Likes konnte Tickets für das MELT Festival gewinnen.

Die Mixery-Rikscha spielte konsequent das Thema Clubbing und elektronische Musik und lud Passanten zu einem spontanen Kopfhörer-Konzert ein.

Rikscha 4 und 5 erklärten die Themen Augmented Reality und Recycling und sorgten dabei für digitale Interaktion und realen Dialog.

Fazit

Eine echte Live Campaign mit dem Hybrid Event als Herzstück der Kommunikation.

Über die konsequente Verzahnung des Kiosks mit Dosionair.de hinaus erfolgte eine Vernetzung der sozialen Medien untereinander.

Durch die konsequente Verzahnung von sowohl digitalen als auch analogen Erlebnissen konnten über die vergangenen 14 Monate mehr als 10 Mio. Impressions auf Facebook erzielt werden.

Live waren es Edutainment-Elemente wie der Recycling-Dosen-Kicker, die zudem für viel Spaß bei den Besuchern des Kiosks sorgten, sodass sie diese Erlebnisse auch gerne an ihrer Pinnwand mit ihren digitalen Freunden teilten.

Analog und Digital = Live Campaigns

Nur Events oder Live-Marketing sind der Kanal, der uns Unternehmen, Marken und Produkte in der persönlichen Kommunikation erleben lässt.

Deshalb müssen Events in den Mittelpunkt einer Marken- oder Produktkampagne stehen.

Darüber hinaus können sie Content für alle anderen Kanäle erzeugen.

Aus klassischen Kampagnen werden also Live Campaigns.

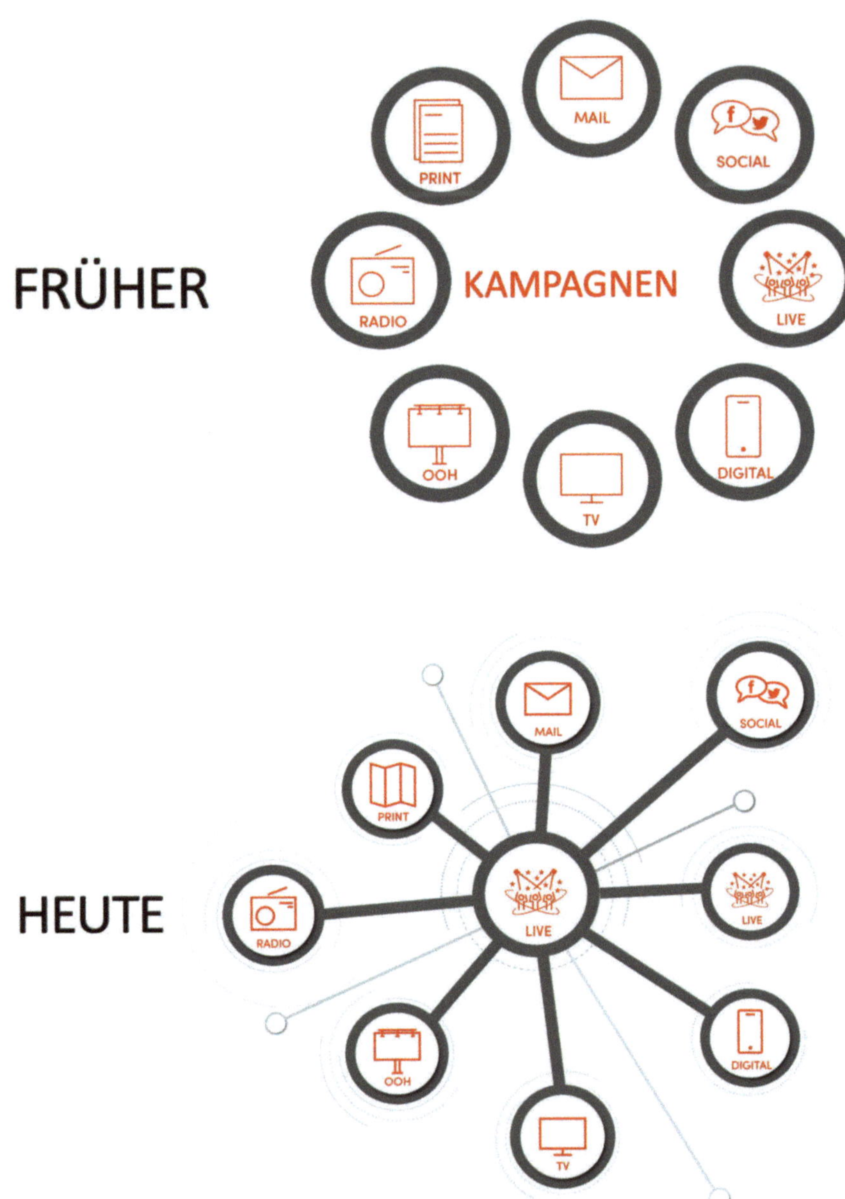
FRÜHER
MAIL
PRINT
SOCIAL
RADIO
KAMPAGNEN
LIVE
OOH
TV
DIGITAL
HEUTE
MAIL
SOCIAL
PRINT
RADIO
LIVE
LIVE
OOH
DIGITAL
TV

Ein Beispiel für eine globale Live Campaign ist das Projekt BASF Creator Space™ tour:

BASF Creator Space™ ist eine eingetragene Marke, unter der BASFs Co-Creation-Strategie und die daraus abgeleiteten Maßnahmen gebündelt werden. Anlass des umfangreichsten Open Innovation-Programms, das jemals von einem großen Unternehmen durchgeführt wurde, ist das 150. Jubiläum des Konzerns. Es konzentriert sich auf die für die BASF strategischen Nachhaltigkeitsthemen um Ernährung, Urbanisierung und Energie.

Idee I Konzept

Die Idee, in externen und internen Prozessen eine nachhaltige Zukunft zu „kokreieren“ bildet eine Schnittstelle zentraler Kommunikationsthemen der BASF, wie z.B. der „We create chemistry”- Strategie und dem Markenkern „Connectedness”. Creator Space™ dient dabei als teils reale, teils digitale Plattform zum Austausch. Hier diskutieren Branchenexperten über zentrale wirtschaftliche, umweltbezogene und gesellschaftliche Herausforderungen in den Themenbereichen

Städtisches Leben, Energie und Ernährung. Das Ziel besteht darin, potenzielle Lösungen entwickeln, die BASF gemeinsam mit seinen Partnern am Ende des Jubiläumsjahres umsetzen kann. So werden aus innovativen Ideen potenzielle Projektvorschläge, die die Chance auf eine mögliche Startfinanzierung erhalten.

Ein wichtiger Baustein des Creator Space™ ist die Creator Space™ tour: Durch kreatives Design, die Einbindung von spannenden Impulsvorträgen sowie Kunst und Kultur unterstützt die Tour die durch BASF und ihren Partnern geplanten Co-Creation-Aktivitäten. Sie zielt so darauf ab, Co-Creation-Prinzipien für alle Stakeholder greifbar zu machen.

Die Aufgabe: Die Erarbeitung eines Veranstaltungskonzepts, das ein global konsistentes Erlebnis ermöglicht und dennoch lokal adaptierbar ist, sowie die Realisierung des Konzeptes in den sechs Veranstaltungsorten Mumbai, Shanghai, New York, São Paulo, Barcelona und Ludwigshafen. Unsere Lösung: Die Erarbeitung verschiedenster Co-Creation Formate sowie die Bereitstellung inspirierender Umgebungen, die Kreativität fördern und eine Lösung gemeinsamer Herausforderungen begünstigen.

Umsetzung | Realisierung

Co-Creation Formate sind flexibel: Egal, ob es sich um kleine, homogene Gruppen (wie eine Executive Konferenz) oder eine große, offene Gruppe von Menschen mit unterschiedlichen Hintergründen handelt. Die verschiedenen Co-Creation Formate wie Bootcamps, Makerthons oder Urban Think Tanks bieten passgenaue Kooperationsmöglichkeiten für jede Art von Teilnehmer. Für BASF wurden in Co-Creation Summits in Workshops, Vorträgen und Konferenzen neue Ideen für die Jubiläumsthemen gefunden, für 24-stündige „Creatathons" oder „Makerthons" wurden die Venues zeitweilig auch mal in einen Schlafraum umgewandelt, Kunstinstallationen kommentierten und komplimentierten, creative challenges warteten auf die Teilnehmer, ausgesuchte kulturelle Formate und Cinema-Veranstaltungen lockerten die mehrtägige Veranstaltung auf, und Opening- sowie Closing-Zeremonie strukturierten und gaben Gelegenheit zum Netzwerken und Feiern.

Die einzelnen Standorte folgten dabei verschiedenen Fragestellungen und Schwerpunkten. Während in Mumbai nach dem Zugang einer sicheren und erschwinglichen Wasserversorgung gefragt wurde, wurden in Shanghai die

Auswirkungen unseres Lebensstils auf unseren Planeten ergründet. In New York fragte BASF: Wie können wir die Wohnraumsituation in der Metropole New York in Zukunft verbessern? Sao Paolo beschäftigte sich mit der Vermeidung von Lebensmittelverschwendung, und den Abschluss im Headquarter Ludwigshafen bildete die Frage: Wie können wir mehr Energie aus sauberen und erneuerbaren Energiequellen gewinnen und den Energieverbrauch senken?

Um diesen verschiedenen Anforderungen gerecht zu werden, wurde ein modulares Setup in Form von Workshop-Boxen entworfen, das an ganz unterschiedlichen Orten auf unterschiedlichste aufgebaut und – unterschiedlich gruppiert - den lokalen Bedingungen angepasst werden konnte.

Integration | Vernetzung I Content

Die integrierte Kommunikation ist Kernbestandteil von BASFs Erfolgsstrategie. Zentral hier: die Information und die Mobilisierung von Zielgruppen, und ihre langfristige Bindung für eine nachhaltige Beziehung. Dies geschieht zentral durch das „Online Ökosystem" https://creator-space.basf.com/ .

Creator Space™ online ist eine Community von Industrieexperten und Interessierten, die gemeinsam Schlüsselprobleme der Gegenwart bearbeiten. Ebenfalls befasst mit den übergeordneten Jubiläumsthemen, bezieht sie viele ihrer Inhalte aus den Ergebnissen der Creator Space™ tour.

Die interaktive Online-Plattform ist also von beiden Seiten in die Tour integriert: Für die Bespielung des Kanals werden die Ergebnisse der Tour-Stopps genutzt, und während der Tour-Stopps konnten auf großen Screens Entwicklungen des Online-Systems beobachtet und mit einbezogen werden. Mehrere Tausend Teilnehmer tauschten sich online über ihre Ideen aus.

Trends im Live-Marketing

Zum Schluss ein kurzer Blick auf die Trends, die die Eventbranche in den nächsten Jahren bestimmen werden.

Agiles Event-Management

Die Eventbranche hat sich in den letzten Jahren sehr intensiv mit der Frage beschäftigt, welche innovativen Event-Formate umgesetzt werden können und müssten, um die Zielgruppen zu erreichen.

Viel zu wenig beachtet wurde bisher, dass sich auch die Arbeitsweise in den Agenturen und in der Zusammenarbeit mit den Kunden grundsätzlich verändern muss. Ergebnisse müssen schneller und damit effektiver sowie effizienter erreicht werden. Budget gilt es sinnvoll einzusetzen im Rahmen von Live-Marketing Maßnahmen. Innovative Lösungen im Eventbereich steigern das Image der Kunden bei ihren Zielgruppen.

Work-life-blend und der Wunsch nach immer kürzeren Arbeitszeiten führt zur Verdichtung der täglichen Projektarbeit. Damit die Motivation auf beiden Seiten – Kunde und Agentur – hoch bleibt oder gar gesteigert wird, muss die Arbeit im Team und in der Zusammenarbeit Spaß machen. Nur so können Qualität und Erfolg von Markenkommunikation weiterhin sichergestellt werden.

Mehr Verantwortung in den Teams ist das Gebot der Stunde.

Die Lösung bietet das agile Event-Management.

Die agilen Prinzipien, Techniken und Methoden sowie das Miteinander in agilen Teams, die bereits aus der Digital-Industrie bekannt sind (Scrum, Kanban, Design Thinking), werden konsequent auf modernes, innovatives Marketing adaptiert.

Agiles Projektmanagement basiert auf einer klaren Projekt-Strukturierung in Verbindung mit einer eigenverantwortlichen Team-Organisation und einem Höchstmaß an Flexibilität, das bereits zu Beginn eines Projektes in den Prozess integriert wird.

Künstliche Intelligenz

Was bedeutet KI für eine Branche, die von absoluter Flexibilität, einem hohen Maß von Emotionalität und Intuition lebt? Können hier die Algorithmen mithalten?

Dennoch wird KI im Eventbereich eingesetzt, denn sie erleichtert uns die Arbeit.

Algorithmen können blitzschnell Datenbanken durchforsten und entsprechende Informationen ausspucken – da wäre der Mensch hoffnungslos unterlegen.

KI ermöglicht die Kommunikation von „many-to-many“ und das in real time.

VR macht Dinge sichtbar, die sonst verborgen wären.

Na, und für die Emotionalität auf Veranstaltungen ist natürlich auch was dabei.

Ist es nicht süß, wenn der Roboter Pepper mich begrüßt und mein Alter sowie Geschlecht richtig schätzt. Interaktive Spiele begeistern Besucher.

Chatbots im Guestmanagement werden zunehmend attraktiver.

Aber machen wir uns nichts vor – Roboter und Chatbots können nur das kommunizieren, das ihnen Programmierer vorher einprogrammiert werden.

Hier ist auch ein wichtiger Knackpunkt beim Einsatz von künstlicher Intelligenz bei

Events. Man muss sie als solche erkennen, dann kann sie eine Bereicherung für

Veranstaltungen sein. Der Versuch die KI „menschlich" zu machen, so dass man es

nicht merken soll, ist von vorneherein zum Scheitern verurteilt, denn dann wird das Vertrauen extrem leiden.

Biometrie oder die Identifizierung der Gefühlswelt

Biometrische Erkennungsverfahren sind überall dort wichtig, wo die Identifizierung einer Person eine große Rolle spielt. Das bekannteste Verfahren ist sicher der Einsatz von automatisierten Fingerabdruck-Identifizierungssystemen (AFIS). Einloggen über den Daumen-Abdruck ist allerdings schon eine ganze Zeit Standard bei Events. Beispiele sind personalisierte Dauerkarten, um eine Weitergabe an Dritte zu verhindern oder andere Zugangsberechtigungen zu Events.

Ein besonders zukunftsträchtiges Verfahren ist die Gesichtserkennungs-Software zur Identifizierung von Teilnehmern.

Diese sind allerdings emotional nicht ganz unbelastet, da die Diskussion der Einführung des biometrischen Personalausweises noch nicht vergessen ist.

Doch so richtig interessant wird die Gesichtserkennung erst dann, wenn es gelingt,

aus den biometrischen Daten Gefühle abzuleiten. Die gewonnen Daten können die

Evaluierung und die Konzeption oder Dramaturgie von Events extrem verändern.

Corporate Content Festival

Wie können Kongresse, Führungskräftetagungen, Pressekonferenzen, Produkteinführungen, Vertriebstagungen, Roadshows, Mitarbeiterevents usw agiler, dialogorientierter, dynamischer gemacht werden?

Die Antwort gibt ein neues, agiles Live Campaign Format –

Das Corporate Content Festival.

Der konzeptionelle Ansatz für dieses Format liegt darin, die Vorteile der webbasierten Kommunikation in das Live-Erlebnis eines Events zu überführen.

Praktisch heißt das: Corporate Content Festival bringt als User zentriertes Event das Internetverhalten vom Web in die Live-Kommunikation.

Erste Ansätze werden bereits realisiert wie die me convention, Online Marketing Rockstars oder South by Southwest. Diese erfolgreichen neuen Veranstaltungsformen gaben wichtigen Input für die Entwicklung des Business-Formats Corporate Content Festival.

Beim Corporate Content Festival präsentiert eine Marke kuratierten Content in der Form eines Festivals.

Und zwar so, dass die Besucher das für sie jeweils beste Angebot selbst auswählen können. So, wie sie es auch schon bei digitalen Angeboten wie YouTube oder Netflix gewöhnt sind. Das ermöglicht eine individuelle User Experience wie im Netz – aber angereichert durch den unersetzlichen Kick des Live Momentums vor Ort. Und damit verbunden: eine höhere Attraktivität für die eigenen Social Media Kanäle.

Inhalte werden emotionalisiert, cool statt steif, die Teilnehmer fühlen sich jung und wertgeschätzt.

Brainhacking

Brainhacking bedeutet den Versuch, in die Gehirne der Menschen vorzudringen. Mit einer speziellen Software soll es möglich sein, die Gedanken zu lesen. Sehen wir es mal positiv.

Durch den Einsatz einer solchen Software bin ich in der Lage, durch bloßes Denken eines Textes, diesen auf einen Computer zu übertragen.

Was passiert aber mit meinen gespeicherten Daten?

Hier kann sich jeder ein eigenes Bild machen, ob dieses Szenario begeistert oder uns vielmehr Angst macht.

Wie sagte doch der ehemalige Bundes-Innenminister Thomas de Maizière so schön: „Nicht alles, was technisch möglich ist, ist auch rechtlich erlaubt. Doch was rechtlich erlaubt ist, sollte auch technisch möglich sein."

Es wird auch hier wieder einmal an uns liegen, was wir zulassen und was nicht – sei es nun analog oder digital.

CLOUDFEST

TRANSFORMATION: FROM CONFERENCE TO CLOUDFEST

Timo Kargus

The cloud is not about bandwidth, storage, or connectivity anymore. Distinctive services and niche markets are fusing into platforms that deliver everything from hardware to security, from apps to social media, and from site-builders to creative content. The marketplaces have grown as well, evolving into a globally diverse range of agencies, designers, developers, and SMBs that are regularly challenged by their customers to deliver additional services, streamline processes, and add more value. The industry has and continues to evolve into an environment which is increasingly complex, one which is dependent upon and working in tandem with the other. *Companies, therefore, must remain nimble and have the courage to adapt and flex with the needs of an ever-changing marketplace.*

WorldHostingDays and WHD.global: The Background

In 2004, the *business entity* WorldHostingDays recognized a void in the internet hosting market which led to the design of an event concept that focused on building a bridge between the executives and corporate leaders working within that space. The inaugural event, dubbed WebHostingDays began with a regional gathering of 100 European hosters in Cologne, Germany. The feedback from the conference was positive, leading to the creation of a second event in March 2006 in Phantasialand (Brühl, Germany). This move earmarked the event as an annual occasion and soon after, saw interest in its offering trickle over to those working within the then-burgeoning (now flourishing) cloud space.

From the start, the concept has focused on bringing experts from around the world together to share their knowledge and expertise in a high-level learning environment designed to foster growth for cloud and hosting professionals. Every conference featured a series of keynotes and breakout sessions, a trade show floor, and social events designed to promote genuine networking opportunities. The success of the conference and its overall reception by the industry initiated the idea to branch out into other regions. In 2010, in place of the annual conference, WorldHostingDays embarked on its first European roadshow and conference outside of Europe with WHD.asia (Bangkok)—officially labelling the brand a global entity.

In 2011, WorldHostingDays recognized that its main conference had outgrown its Phantasialand space; therefore, the decision was made to relocate to the themed Europa-Park resort (Rust, Germany) location. The event's name was also abbreviated simply to WHD, as a means to clearly demonstrate that it included more than pure web hosting content. Complimentary industry sectors were already being recognized as a valuable addition to the conference, and it became even more important to recognize their inclusion. As the brand's internationalization continued to flourish, welcoming thousands of attendees from over 80-plus countries to the annual get-together, there became a profound need to better communicate the global nature of its make-up. Consequently, in 2012, WHD evolved to be known as WHD.global. The launch of programming later that year in India and the United States in 2015 rounded out the global portfolio of the brand.

In 2014, Soeren von Varchmin, formerly of Parallels, epages and fotolia.com, took the helm of WorldHostingDays as CEO to infuse a new approach, life, and spirit into the company that led to the last rebranding to now CloudFest in 2018.

Global Events: Insights

WorldHostingDays as a company hosts multiple events each year in the most recognized technology sectors around the world. Serving the global, regional, and specialized needs of the diverse markets, each event, regardless of its format (conference, executive, and regional), is designed to provide unparalleled opportunity to learn, grown and connect.

Conferences

All conferences are fee-based, ticketed events. They fluctuate in scale from 100 up to 8,000 attendees. Our two major conferences are held in India and Germany, and typically consist of the following:

- **Exhibition**
  Since its early days, WorldHostingDays has partnered with some of the world's leading IT companies to help bring our many conferences to light. By welcoming such a large and diverse group of exhibition partners to the floor, companies are guaranteed high visibility to showcase their

offerings and attendees in turn, gain easy access to new and trending technologies

- **Keynote Addresses, Panels, and Workshops**
  Hear from the leading voices in and out of the industry who come to share their knowledge and expertise via insightful keynotes and informative panels/workshop that will educate, inform and encourage discussion
- **Networking**
  Valuable networking events occur throughout the day and evening to provide attendees with a fun and relaxed environment in which to have meaningful conversations, explore business synergies and have an overall great time

Executive Events

Our conferences have always been a place where C-suite executives and company founders have gathered to network. However, in wanting to create unique opportunities for these same leaders to have the ability to focus on connecting with their executive counterparts, we have designed a handful of invitation-only experiences with this thinking at its core. These events invite the owners, founders, and senior executives from the hosting and cloud industry to a platform for open and honest discussions on some of the most important topics facing companies today. Smaller in scale and intimate in feel, up to 100 attendees come together away from the glare and noise of exhibit halls and sales presentations to make important things happen.

In 2016, we kicked off the first two experiences of this nature: WHD.racing (Salzburg, Austria) and WHD.sailing (Kiel, Germany). Both participatory sporting events were followed by an evening reception filled with high-end cuisine, cocktails, and conversation. Positive reviews were received by attending executives and considerations are currently under discussion on furthering these C-suite concepts.

Regional Meet-ups

Regional meet-ups take place in important technology hubs which allow us to gather critical industry intelligence while offering attending companies with a platform to connect with neighboring brands. These invitation-only events are small in scale (30-60 guests), and welcome anyone from product managers up to C-suite executives. In 2016, we tested this targeted format in Amsterdam and Moscow. With the support of limited sponsors, the events were highly-tailored to the dynamics of the group and included the kind of exhibition hall, educational sessions, and networking opportunities that ensured all shareholders took away the highest possible value. Additional regionalized experiences are being planned for the future.

The Industry's Modern Day Challenge

The internet technology space is a consistently evolving landscape, one which requires a high level of flexibility and responsiveness. Over the course of WorldHostingDays' history, we have kept our ears open and our strategies aligned to the market disruptions that have necessitated businesses to change and adapt in order to remain competitive. In viewing our program offering(s) through the lens of such a dynamic marketplace, we found the following drivers challenged us to rethink how we approached our events to ensure we offered a premium product:

- **Industry Overlap:**
  The expansion of services being offered by IT firms spoke to the need for a cross-functional conference platform. Passionate about remaining true to our customer base (hosters), we were nevertheless challenged to address the needs of enterprise cloud and the varying business automation and digitization sectors that stood as booming market segments
- **The Value Proposition:**
  A jaded industry tired of the traditional trade show/conference offering; too much "selling" not enough substance

- **Mergers and Acquisitions:**
  Smaller companies gobbled up by massive conglomerates translated to stagnating numbers of attendees to our events
- **Increasing Demand from Attendees:**
  "Work Hard, Play Hard" became a rallying cry for conference attendees. We came here to learn, but we also want to enjoy it.

The time consequently was ripe for the WHD.global brand to evolve, grow and to create an experience that squarely reflected the changes taking place within the industry.

In November 2017, WHD.global announced its metamorphosis to *CloudFest*.

What is CloudFest

CloudFest stands as the world's largest, week-long gathering of decision-makers operating within the web hosting and cloud infrastructure space. Remaining true to the concepts our customers valued from our WHD.global events, CloudFest is the bigger and bolder version and reflects the entire cloud ecosystem. It is important to note that the transformation to CloudFest hardly came as a sudden or abrupt move. Because of the close ties we share with the market, our events over the years have consistently matured to include new topics, themes, and experiences that provided customers with the kinds of insights most relevant to their evolving needs. During our global event in 2017 specifically, while still called WHD.global, we referred to the occasion as "The Cloud Festival." Consequently, our official rebrand to CloudFest was seen from the start as a natural and logical transition.

In making a move away from the standard conference-concept, we styled CloudFest to take on the role of a full-fledged *festival*. Because we believe that when you take ownership of the word "festival," it was imperative to furnish attendees with a backdrop that truly communicates this brand ethos, the Europa-Park (Rust, Germany) theme park continued to be the perfect environment in which to do just that. Located in the heart of Europe at the crossroads of Germany, France, and Switzerland, Europa-Park is a far cry from the cookie-cutter conference venues, grand in scale yet intimate in feel, this park effortlessly communicates the essence of the CloudFest "work hard, play hard" culture.

For the global launch of CloudFest in March 2018, our event welcomed over 7,000 visitors from more than 80 different countries to join in. During this week-long occasion, attendees came to explore the latest news, trends, and product developments, as showcased via our pool of top-notch speakers, 120+ presentations and over 200 exhibitors. As part of the new branding, we invited speakers, partners, and attendees to adopt a more casual tone, and approach CloudFest with the relaxed vibe more fitting of a festival. The introduction of trending controversial figures (Edward Snowden) and topics (artificial intelligence, net neutrality, and data privacy) was another essential addition to our round-up and one which prompted the kind of disruption, engagement, and chatter we actively sought from our offering.

While our events have a long history of delivering the kinds of opportunities that connect businesses on a fundamental level, our rebranding takes this idea to a whole new level. Occurring throughout the day and long into the evening, we offer the right environment to have the kinds of conversations that can lead to new business prospects—all while having an explosively good time. Exclusive VIP dinners, rock n' roll concerts, and karaoke parties are just a taste of what CloudFest offers up by way of growth, connection, and straight-up fun.

Why CloudFest Works

The launch of CloudFest was met with resoundingly positive reviews across the industry. Attendees appreciated the new look, feel and experiences afforded to them, resulting in an impressive 94% approval rating. It is important to note nevertheless, that critical factors played out in the lead-up to our rebranding which we believe helped pave the way to our success:

Flexible Company

WorldHostingDays is a company that can do things others can't do thanks to the flexible (and sometimes cheeky) nature in which we operate. Free of red tape and heavy corporate layers, our plans and strategies are not just drawn up on paper but executed in real-life and in real-time.

- **Example:**
  CloudFest's CEO Soeren von Varchmin became so committed to the rebranding that he honored the occasion by getting inked with his very own (real!) CloudFest tattoo. In so doing, he became the star of his very own video that followed his journey from contemplating the future of technology straight into the tattoo chair. To create buzz and to further engage our audience, CloudFest awarded up to 20 individuals with free VIP CloudFest passes (flight and hotels included) for anyone interested in joining him in getting their very own official CloudFest tattoo. "Yes" there were takers and "yes" it created incredible excitement, energy, and keen marketing opportunities pre, during and post-event.

Niche Industry

The IT Industry is a unique market, one which is supremely open to exploring the new and the unexpected. Not every industry can be successful with the festival-like approach we take with CloudFest; however, our community welcomes the balanced mix of a learning-event coupled with high levels of happiness and fun.

CEO Positioning

CEO Soeren von Varchmin is the face of CloudFest. With a long and storied career as a cloud/hosting professional, he is a known element within the industry and one who intimately understands its needs. Beyond CloudFest, Soeren also devotes his time as an investor and adviser to several start-ups, supports the non-profit organization ID4me.org and is currently serving on the 2018 eco://award jury in the cloud category. He also happens to play lead guitar and supply vocals to the rock band "Lords of Uptime"—a group made up of other heavy-hitters working within the cloud and hosting space—whose appearance at a handful of our events has managed to gain him even more fans among the cloud, hosting and internet infrastructure community.

Close to the Market

Our regional meet-ups and "feeder" events ensure we stay close to the market. Understanding the wants, needs, and trends taking place within these critical technology sectors helps better inform future planning. We, therefore, see these local get-togethers not as profit centers but as intelligence-gathering opportunities for the industry as well as for ourselves.

Matchmakers

Offering events like our CEO dinners, designed to connect C-suite executives with other leaders, or our breakout sessions engineered to help product managers explore synergies with like-minded organizations, we are recognized by the industry as a gateway to the kinds of strategic opportunities that can ultimately lead to actual business growth. The ability to create working Matchmaking evolves from a strong link to the industry paired with a seasoned event team to gather the right people in the right environment.

Family-like Feel

Our events have a long and storied history of offering a family-like feel for attending guests, and we believe our rebrand effectively highlights that advantage on an even larger scale. With CloudFest, we welcome industry professionals into *our world* but one which genuinely addresses *their needs* as industry specialists. We see this as a win-win for all.

Partnership

CloudFest is only as good as our partners, and we are proud to lay claim to long-standing relationships with top-tier companies that have supported us throughout the years in bringing our events to life. We believe that by presenting our partners with so many unique ways to "show up" at our events—from exhibition, to stage presentation, to high-profile marketing opportunities—we have forged a strong bond. Our passion for nurturing these relationships throughout the years has led our partners to see us as both an extension of their company as well as an integral component of their overall business efforts.

Rebranding Outcomes

Since the early 2018 launch of the CloudFest rebrand, we have been able to assess its initial outcomes based on a series of events held in the first half of the year, leading us to conclude the following:

- Attendee numbers remained solid which included a spike in first-time participants
- Survey feedback suggested the mix of "work and play" was successfully integrated and participants highly valued its keen ratio
- Attendees remarked on increased engagement with their industry peers in comparison to previous years
- Long-standing partners continued to show support of our new format by claiming key sponsorship opportunities; first-time partners from our targeted list of industries participated in record numbers

Key Takeaways

Close to the Market

It is only by staying connected and listening to the market that we can truly understand what our customers need to remain viable and ready for the future demands of the industry. *Be more than just a service provider, become an ally.*

Remain Innovative

The competitive space challenges us to think "outside the box" to deliver the kinds of products, services, and experiences that are new and unexpected. *Don't follow the trends—make them.*

Involve Attendees and Partners

CloudFest is a place where the partners and attendees become as much a part of the program as the inspiring speakers who take to the stage. We see both groups as an essential piece of the puzzle in the framing of our festival; therefore, we seek out their insights to better serve the needs of the industry. *Collaboration is the key.*

Be a Year-Round Partner

We believe in the power of nurturing partner relationships throughout the year whether that be during one of our events, through a professional meet-up, or simply by making a phone call during the year to say "hi" - *every touch-base moment is another opportunity to forge a strong and vital bond with your partners.*

Become a Networking and Information Hub

We have positioned our events to be the gathering place for companies to come together and explore synergies. Because we offer so much by way of the latest news and trends shaping the industry, our attendees consider us central to their staying "in the know." *Become that meeting hub of connectivity and information that professionals come to rely on every time.*

Deliver Fun and Happiness

Our festival has distanced itself from the conventional trade show offering, showcasing an experience that is fresh, innovative and evokes a sense of happiness from our attendees; learning can be fun. *Disrupt the market by offering an occasion that delivers depth in value, content, and joy.*

Conclusion

The process of rebranding opens up a wealth of opportunity for a company to explore new aspects of their business while continuing to build on the strengths of its past. With every step since our beginning in 2004, we have consistently explored new ways to add more value and further trust among our audience. CloudFest stands as the culmination of the slow and methodical approach we undertook to ensure we were on the right path. By holding firm to what our attendees appreciated from our previous events while infusing new life—and even spectacle—into the present day, we have armed ourselves with the kind of innovative offering that sets everyone up to win.

ZUKUNFTSRAUM

ZUKUNFT ERLEBBAR MACHEN

Phil Zinser

Ihr Fahrplan in die Zukunft

Die Digitalisierung schreitet unaufhaltsam voran. Sie verändert Wirtschaftsabläufe, Produktionsprozesse und Geschäftsmodelle genauso radikal wie unsere tradierte Arbeitswelt. Über 80 Prozent aller Unternehmen sind bereits davon betroffen. Der digitale Wandel erfordert ein grundlegendes Umdenken und mehr Agilität in allen Bereichen. Hierarchische Strukturen werden durch dynamischere Netzwerke ersetzt. Das Arbeiten in Teams gewinnt zunehmend an Bedeutung.

Vor allem, wenn es darum geht, Schlüsseltechnologien der Zukunft sinnhaft und wertschöpfend in die eigenen Geschäftsprozesse zu implementieren. So stellt sich also die Frage, welche Fähigkeiten und Fertigkeiten zukünftige Generationen an Berufstätigen mitbringen müssen, um sich in der erneuernden Arbeitswelt behaupten zu können? Nach Aussagen von Experten sind das im Wesentlichen nicht fachlich gebundene Kompetenzen, wie Kreativität, systemisches Denken, komplexe Problembewältigung und Transfervermögen. Aspekte, dem die traditionellen Ausbildungsstätten wie Universitäten noch viel zu wenig nachkommen.

Klar ist: Durch die digitale Transformation gewinnt Wissensarbeit eine noch größere Relevanz als früher. Die Rolle, die menschliche Kreativität und Innovationskraft für den Unternehmenserfolg spielen, wächst. Eine Organisation wird einen digitalen Wandel nur vollziehen können, wenn sie die Mitarbeiter mitnimmt. Darum verlangt die digitale Transformation es auch von den Organisationen selbst, sich zu transformieren. Nur in einer transformationsoffenen Unternehmenskultur verliert der ständige Wandel für die Mitarbeiter seinen Schrecken, und nur dann ist eine Organisation in der Lage, auf die komplexen Fragen der fortdauernden Veränderungen in der digitalen Geschäftswelt Antworten zu finden. Dazu muss sich die Unternehmenskultur vor allem in zwei Bereichen verändern: Es braucht ein besseres Miteinander-Arbeiten und ein effektiveres Miteinander-Reden. Kooperation und Kommunikation heißen die beiden Standbeine einer modernen Organisation, die sich den Herausforderungen des digitalen Wandels gewachsen zeigen will.

Aus diesem Anspruch heraus haben wir im neuen digitalen Zukunftszentrum Allgäu-Oberschwaben den Open Space Zukunftsraum ins Leben gerufen. Er befasst sich exakt mit der Thematik, wie Unternehmen die digitale Transformation meistern und dabei ihre Mitarbeiter motivieren und inspirieren können. Wir laden Unternehmen ein auf eine Reise mit uns in das Jahr 2025. Bei der ihre Mitarbeiter hautnah die 10 wichtigsten Zukunftstechnologien kennen lernen, die unser Leben in den nächsten Jahren maßgeblich verändern werden. Denn digitale Entwicklungen wie Big Data, digitale Plattformen, Internet of Things und künstliche Intelligenz werden in den kommenden Jahren enormen Einfluss auf neu zu entwickelnde Geschäftsmodelle aller Art haben. Auch öffentliche Verwaltungen, Kommunen und andere institutionelle Einrichtungen werden sich den Herausforderungen stellen müssen und sich auf immer schnellerwerdende und dynamischere Prozesse einstellen.

Viele haben von diesen Technologien gehört, vielleicht vereinzelt schon mal ausprobiert, aber sich noch nie darüber Gedanken gemacht, wie sie sich im Geschäftsalltag sinnstiftend einsetzen lassen. Ob Virtual Reality, Augmented Reality, 3D Druck, Robotik, künstliche Intelligenz oder die faszinierende Kombination verschiedener neuester Technologien – in unserem Zukunftsraum lassen sich alle Technologien der Zukunft live testen. Diese einzigartige Sammlung und Konzentration der neuesten Schlüsseltechnologien an einem Ort wollen wir nun im Rahmen eines Open Space Events mit bis zu 500 Personen interessierten Unternehmen anbieten.

Der große Vorteil des Open Space Formats ist es in kurzer Zeit mit einer großen Zahl von Menschen ein umfassendes Thema innovativ und lösungsorientiert zu bearbeiten und gleichzeitig eine Aufbruchsstimmung zu erzeugen. Die vier Regeln und Prinzipien bei Open Space sind dabei recht einfach und haben sich in tausenden Veranstaltungen bereits bewährt:

1. Wer auch immer kommt, es sind die richtigen Leute – einer oder 25 ist egal, und jeder ist wichtig und motiviert.
2. Was auch immer geschieht, es ist das Einzige, was geschehen konnte – Ungeplantes und Unerwartetes ist oft kreativ und nützlich.

3. Es beginnt, wenn die Zeit reif ist – wichtig ist die Energie nicht die Pünktlichkeit.
4. Vorbei ist vorbei – Nicht vorbei ist Nicht-vorbei – wenn die Energie zu Ende ist, ist die Zeit um. Dabei gilt auch das Gesetz der zwei Füße – als Ausdruck der Freiheit und Selbstverantwortung. Das heißt: Der Teilnehmer bleibt nur so lange in einer Gruppe, wie er es für sinnvoll erachtet, also solange er etwas lernen und/oder beitragen kann.

So schaffen wir, was für viele Unternehmen, Betrieb und öffentliche Einrichtungen wichtig ist: Ein gemeinschaftliches Bewusstsein sich auf den digitalen Wandel vorzubereiten. Die Idee hinter dem Open Space Zukunftsraum ist, alle neuen Schlüsseltechnologien auszuprobieren, sich anschließend mit Gleichgesinnten zu diesen Technologien in Workshops auszutauschen und gleichzeitig Ideen dazu entwickeln. Die Workshops werden dabei von Impulsgebern, Experten oder auch Gästen moderiert und geleitet. Das heißt: In verschiedenen Gruppen erleben Teilnehmer an 25 Stationen live aktuelle Technologien und erfahren von Experten deren einzelnen Vorteile bei der Anwendung. Im Anschluss finden sich Teilnehmer in einer der 10 verschiedenen Sessions zusammen, um über eine bestimmte Technologie oder Thema zu diskutieren. So können die Technologie-Erlebnisse zeitnah in konkrete Ansätze für die Anwendungen im eigenen Unternehmen diskutiert werden. Jeder Teilnehmer kann selbst wählen welche Themenbereiche ihn besonders interessieren.

Durch das Prinzip des „zufälligen“, sprich interessengetriebenen Zusammenfindens wird ein sehr hoher Grad an Vernetzung mit den anderen Teilnehmern erreicht. Übrigens: Im Open Space stellt es keinen Affront dar, aus einer laufenden Session in eine andere zu wechseln – Austausch, Wissenstransfer und Vernetzung stehen im Vordergrund! Im Anschluss werden von den Moderatoren alle Ergebnisse gesammelt und präsentiert. Die gemeinsame Arbeit wird abschließend auf einer großen Network-Party gebührend gefeiert.

Die Vorteile dieser einzigartigen Kombination von Zukunftsraum und Open Space können nicht hoch genug eingeschätzt werden. Mit der Open-Space-Methode wird ohne großen organisatorischen Aufwand für das Unternehmen eine Dialog- und Ideenplattform geschaffen, die inhaltlich von den Mitarbeitern gestaltet wird – denn niemand kennt die Herausforderungen und relevanten Themen besser als die Unternehmer und Mitarbeiter selbst. Unternehmen können sich so gezielt einen Überblick über Problemstellungen, Lösungsansätze, Ideen und Kompetenzen im eigenen Mitarbeiterkreis verschaffen. Open Space ist für manchen Mittelständler mit tradierten Kommunikations- und Transferformaten erst einmal ungewohnt. Aber es bietet den idealen Raum für hierarchie- und ressortübergreifendes Miteinander, um die Herausforderungen der Digitalisierung gemeinsam zu gestalten.

In diesem Sinne präsentiert sich der Open Space Zukunftsraum als eine Art digitales LernZentrum, das eng verzahnt ist mit den Unternehmen aus der Region Allgäu-Oberschwaben – speziell aus Industrie, Handel, Dienstleistung und Handwerk. Als ein Reallabor zum Experimentieren und Vermischen verschiedener bestehender Technologien. Dabei finden übrigens keine Hard- oder Softwareentwicklung statt, sondern es wird auf bestehende Systeme zurückgegriffen. Im Digitalen LernZentrum sind unter anderem eine Digital Akademie und eine Basic Computer School implementiert und funktioniert als eine Art mobile Digital-Akademie, bei der die Teilnehmer am Ende ihres Kurses ihren Digital-Führerschein in den Händen halten. Vom Express-Führerschein in nur einer Stunde über Basic, bis hin zum Advanced Digital-Führerschein, der bis zu fünf Stunden in Anspruch nimmt. Ganz gleich für welche Art sich Unternehmen bei ihrer Open Space Zukunftsraum-Veranstaltung entscheiden. Das Ergebnis sind am Ende motivierte und inspirierte Mitarbeiter oder Kunden mit jeder Menge Ideen für die Zukunft des eigenen Unternehmens.

Impressionen

FIRST MOVE
INTO A
NEW ERA

AUGMENTED REALITY
VIRTUAL REALITY
ZUKUNFTSRAUM

HUMAN-RESOURCE-HERAUSFORDERUNGEN FÜR DIE MICE BRANCHE?

Gernot Gehrke

Text zum Vortrag

Guten Tag. Schön, dass Sie es nach der Mittagspause geschafft haben. Und: Ja, Sie sind zu Recht enttäuscht. Ein Video, puuuuh, keine Teilnahme. Das haben Sie anders erwartet bei einer Summer University. Aber, immerhin: Frau Zablotny, die die Kamera bedient, und ich, wir haben uns hier zur besten WM-Zeit im Studio am Expo Plaza in Hannover eingefunden, um Ihnen diese Videobotschaft aufzuzeichnen. Stefan Luppold hat gesagt: Wer nicht kommt, bekommt auch nur 15 Minuten, damit es beim Zuschauen nicht zu lang wird. Also lege ich jetzt los und danke für Ihr Verständnis. Meine Frau und meine Kinder, die gerade mit mir in Schweden Urlauben, tun dies im Übrigen auch.

Human Ressource Herausforderungen für die MICE Branche – irgendjemand hat beim Programm schreiben ein Fragezeichnen dahinter gesetzt. Das ist natürlich ganz falsch. Es gehört ein Ausrufezeichen dahinter, was auch nicht so verwunderlich ist, weil bei Human Ressource und jeder Branche ein Ausrufezeichen dahintersteht. Wie kommt das?

Mission und Strategie eines Unternehmens können noch so brillant sein, letztendlich sind es die ausführenden Mitarbeitenden, die über eine erfolgreiche Umsetzung entscheiden. Nicht ohne Grund sprechen ja viele gar nicht mehr von Ressourcen, sondern von Human Kapital, was mir schon deswegen gut gefällt, weil unsere Neigung mit Kapital gut umzugehen ja leider viel größer ist als unsere Neigung, auf Ressourcen gut zu achten. Das aber ist ein anderes Thema.

In Unternehmen setzen eben Menschen die geplanten Handlungen um und sind Träger des organisationalen Wissens. Sie sind nicht nur Mittel zum Zweck, sondern die Basis jeglichen Erfolgs. Das können sie so in den einschlägigen einführenden Werken zur Unternehmensführung oder Betriebswirtschaftslehre nachlesen. Ich zitiere zum Beispiel gerade aus Dillerup und Stoi, deren Buch Unternehmensführung, Management und Leadership, ich Ihnen sehr empfehle.

Zu den Aufgaben des Personalmanagements zählen neben Personal-bedarfsbestimmung, die ich zunehmend wichtig finde, die Personalbeschaffung, manchmal auch die Personalfreisetzung, die Personaleinsatzplanung, -beurteilung und -vergütung sowie die Unterstützungsfunktionen Personalcontrolling und die

Personalverwaltung. Hinzu kommt, und darauf möchte ich mich jetzt konzentrieren, die Personalentwicklung.

Genauer also auf die Antworten zur Frage: Was müssen wir eigentlich heute und zukünftig kennen und können, um in der Veranstaltungswirtschaft erfolgreich zu sein? Und damit wir uns da nichts vormachen. Erfolgreich zu sein, bedeutet nicht, ab und an mal einen guten Abend zu haben. Erfolgreich zu sein in der Veranstaltungsbranche bedeutet, jederzeit mit Lust und Engagement zu begeistern. Immer und immer wieder aufs Neue. Sie können das bei Kano nachlesen oder einfach daran denken, wie Sie selbst Veranstaltungen beurteilen und wie anspruchsvoll Sie dabei sind.

Was müssen wir also kennen und können? In der Personalentwicklung geht es um Fachwissen (knowledge), um Fähigkeiten (skills) und um die Bildung neuer Einstellungen (attitudes). In den vergangenen vier Jahren habe ich mich mit dem Thema Veranstaltungswirtschaft und Personal intensiv beschäftigt und geforscht. Ich habe mit vielen Expertinnen und Experten gesprochen, Literatur gewälzt, Modulhandbücher und Ausbildungsverordnungen analysiert, Onlinebefragungen, Gruppendiskussion und ein Delphi Panel angeschoben. Zuletzt haben wir uns ins Hannover zu einem Symposium Event Education getroffen. Stefan Luppold war dabei, Thomas Bauer ebenso.

Sprechen wir hier und heute mal als erstes über skills. Hier sind sich die befragten Experten weitgehend einig: unterschieden werden zwei Kompetenzbereiche, die elementar für eine Laufbahn in der Veranstaltungswirtschaft sind. Auf der einen Seite stehen a) Hard-Skills wie BWL, VWL, Projektmanagement und auf der anderen b) Soft-Skills wie Kommunikation, Medienkompetenz oder – zunehmend wichtig – interkulturelle Kompetenz.

Differenziert wird zwischen zwei Anspruchsebenen, die den Fähigkeiten zugeordnet werden. Wertet man die Prioritäten der Befragten aus, so ergibt sich das in schon häufig kommunizierte Bild: „Es ist und bleibt ein kaufmännischer Job“, darin sind sich fast alle Befragten einig. Ebenso eindeutig steht für sie das Projekt- und Prozessmanagement im Vordergrund des Berufsbildes. BWL- und VWL-Grundlagenkenntnisse werden auf allen Anspruchsebenen erwartet, von Hochschulabsolventen in vertiefter Form. Gleiches gilt für Projektmanagement und Marketing.

Intrinsische Fähigkeiten und die Motivation sie im Hinblick auf Teamarbeit, Personalführung und Kundenkontakt einzusetzen, nennen die Befragten bei den Soft Skills als Kernkompetenz. Um das sauber analytisch zu trennen, müssen wir uns fragen, ob wir da vielleicht schon über attitudes reden. Denn die Expertinnen und Experten fahren fort und nennen eine „absolute Dienstleistungsorientierung" als Voraussetzung und im Hinblick auf die Internationalisierung der Branche rückt über die Sprachkenntnisse hinaus auch die interkulturelle Professionalisierung immer mehr in den Vordergrund.

Personalverantwortliche fordern von Bewerbern ganz konkret kommunikative Kompetenz einschließlich Präsentationsfähigkeit und sehr guter Face-to-Face-Kommunikation auch zweisprachig. Die Forderung nach „Praxis, Praxis, Praxis", sprich nach realistischen berufsbezogenen und möglichst auch selbstverantworteten Erfahrungen in der Ausbildung, wird von allen Teilnehmenden betont - sowohl als Bestandteil des Studiums, als auch der IHK-Ausbildung. Dies kann ein Indiz dafür sein, dass das Bewusstsein und die Bereitschaft für das notwendige Wechselspiel zwischen der Professionalisierung der Veranstaltungswirtschaft und der Ausbildung für eine Tätigkeit in der Veranstaltungswirtschaft durchaus vorhanden ist.

Machen wir einen kleinen Einschub und fragen uns, ob dieses einheitliche Meinungsbild konsistent ist und bleibt. Oder ist es vielleicht auch dadurch geprägt, dass jene, die eine bestimmte Ausbildung genossen haben, diese Ausbildung auch bei ihren potentiellen neuen Angestellten fordern oder für angemessen halten.

Viele derer, die heute an exponierter Stelle Verantwortung für Personal in der Veranstaltungswirtschat tragen, sind selbst als Quereinsteieger in die Branche gestartet – häufig über den kaufmännischen Weg. Entgeht denen vielleicht etwas?

Wir haben derzeit eine starke Bewegung, die Event Design bezogene Aspekte sehr viel stärker in den Vordergrund rückt als – ich nenne das mal – die kaufmännischen und auf das pure Projektmanagement orientierten Ansätze. Ich will Ihnen einige Ergebnisse aus der Gruppendiskussion schildern, die wir kürzlich durchgeführt haben. Da sagen die Lehrenden an Hochschulen, die dabei waren, zum Thema event experience design: Das Konzept Event Design gewinne deutlich an Bedeutung. In Veranstaltungsprojekten könne mehr und mehr ein design-orientierter Ansatz beobachtet werden.

Mit Blick auf **event experience design**, sagten die **Praktiker** in unserer Gruppendiskussion: Event Design und Experience Design seien als Trends sehr einflussreich. Die Bedürfnisse der Zielgruppe seien der zentrale Bezugspunkt des Event-Managements. Und deshalb sei diesen Konzepten eben auch verstärkt Beachtung zu schenken. Suchen wir also Experience Designer oder vor allem Kaufleute oder beides?

Wenn wir über Herausforderungen reden, dann hilft es uns sicher zu verstehen, dass sich unsere Gesellschaft in Veränderung befindet. Die Veränderungen sind schnell, sie sind umwälzend. Wir entwickeln uns zu einer Emotion Economy. Ivna Reic hat das zuletzt sehr klug beschrieben und sich dabei auf die Konzepte von Pine & Gilmore von Toffler oder Nijs bezogen. Und natürlich befindet sich auch die Veranstaltungswirtschaft in einem erheblichen Umbruch. Lesen Sie nach im Buch von Greg Richards, Lenia Marques und Karen Mein. Sie schreiben: „As events are becoming increasingly important as social, cultural and economic phenomena in our daily lives, they are also becoming more complex as their range of functions grows. Events serve as meeting places, creative spaces, economic catalysts, social drivers, community builders, image makers, business forums and network nodes." Vielleicht haben Sie in Sachen Cebit gut zugehört, die Entwicklung beobachtet und an diesem Live-Case in Sachen Festivalisierung festgestellt, wie umwerfend die Entwicklung sein und wie groß der Druck werden kann.

Aber natürlich sind da viele weitere Herausforderungen, die die Veranstaltungswirtschaft beeinflussen und damit auch die Personalentwicklung.

Ich habe in den vergangenen Jahren untersucht, wie sehr Trends die Qualifizierung für eine Tätigkeit in der Veranstaltungswirtschaft beeinflussen. Die Veröffentlichungen zum Thema Trends sind zahllos. Ich habe Ihnen heute als Beispiele die Megatrends von z-punkt, einer future forecast agency mitgebracht mit all den Entwicklungen, die Sie kennen und die auch für die Veranstaltungswirtschaft folgenreich sind und zu enormen Herausforderungen führen. Ich habe Ihnen außerdem, wieder exemplarisch, die Trendzusammenstellung der International Association of Exhibitions and Events mitgebracht. Trends, die aus der Sicht dieses Verbandes die Branche beeinflussen. Und ich habe Ihnen den Innovationskatalog des German Convention Bureau und des Fraunhofer Instituts dargestellt.

Insgesamt nur eine kleine Auswahl dessen, was bereitsteht und zu Rate gezogen werden kann.

Aber es ist ja nicht damit getan, sich einen Überblick über Trends zu verschaffen und die Frage zu beantworten, welchen dieser Trends sie in welcher Weise berücksichtigen wollen, wenn es um Personalentwicklung geht. Sie müssen ja auch eine Vorstellung davon bekommen, auf welchen Kanon von Inhalten sie sich denn beziehen wollen – konkret also ein Bild davon haben, was gekannt und gekonnt werden soll.

Für die Zwecke dieser Darstellung habe ich mich mal auf die Kompetenzfelder bezogen, die im Rahmen von EMICS zusammengefasst sind, das sind die Event Management International Competency Standards, die ganz im Wesentlichen auf dem Event Management Body of Knowledge von Julia Rutherford Silvers beruhen.

Sie sehen: Die Aufgabe ist groß, und wir haben tatsächlich eine Reihe von Herausforderungen zu meistern. In unserer Forschung haben wir die hier aufgeführten Branchentrends als relevanteste gesehen. Und allein daraus leitet sich ein stellenweise bestimmt enormer Personalentwicklungsbedarf ab.

Erlebnisorientierte Gestaltung von Veranstaltungen, Interaktion, Partizipation, Co-Creation, Kollaborative und interaktive Technologie, Erweiterte und virtuelle Realität, Neugestaltung von Veranstaltungsräumen, Umfassende Sicherheitskonzepte, Diversität bei Beschäftigten und Publikum, Softskills der Beschäftigten, Digitalisierung der Arbeitsprozesse, Nachhaltigkeit, Compliance, Veranstaltungsrecht, Qualitätsmanagement.

Überlegen Sie, was sie selbst kennen und was sie können. Bewerten Sie, wie ihr Unternehmen in den genannten Feldern dasteht, wo es etwas dazulernen muss, um weiter erfolgreich zu sein.

Gehen wir noch einmal auf die konkreten Erfahrungen in der Branche ein – diesmal nicht aus Sicht der Personalverantwortlichen, sondern aus Sicht der neu Eingestellten. Auch die habe ich für meine Forschung interviewt.

Die jungen Berufseinsteigenden betonen die Praxiserfahrung als maßgeblichen Bestandteil für die gute (eigene) Ausbildung, sowohl während der Berufsschulausbildung als auch bei einem Hochschulstudium. Signifikant wichtig für eine Tätigkeit in der Veranstaltungswirtschaft sind im Urteil der jungen

Berufsanfängerinnen und -anfänger darüber hinaus Kommunikationsfähigkeit und Teamfähigkeit. Außerdem werden soziale, aber auch fachliche Kompetenzen genannt, die den unterschiedlichen Aufgaben der Akteure entsprechen. Kenntnisse in Rechtsfragen werden als besonders wichtig eingestuft.

Interviewteilnehmende mit Studienabschluss beschrieben den Vorteil eines theoretischen Unterbaus in den verschiedenen Aufgaben des Berufslebens. Gleichzeitig wird jedoch auf die vielen unterschiedlichen Erfordernisse in den verschiedenen Unternehmen verwiesen. Es wird der individuelle Einarbeitungsbedarf betont, den eine neue Anstellung oder Position in einem Unternehmen erfordert. Die Anpassung an die Abläufe im (neuen) Betrieb wird als unabdingbar gesehen.

Soziale Kompetenzen werden vorrangig als wichtig genannt. Neben Kommunikationsfähigkeit wird wiederholt eine hohe Stressresistenz als wichtig aufgeführt. Ein gutes Zeitmanagement und die Fähigkeit eigenständig zu arbeiten sind weitere Faktoren, die wiederholt von den Gesprächspartnern genannt werden. Als maßgeblich hervorgehoben wird eine vorangehende Praxiserfahrung. Den Abgleich zwischen dem in der Ausbildung oder dem Studium gelernten und den tatsächlich geforderten Kompetenzen im Beruf bewerten die gefragten Personen unterschiedlich.

Sie sehen also: Kennen und Können sind gleichermaßen gefragt, die Einstellung entscheidet. So werden wir uns auch künftig auf allen drei Ebenen gleichzeitig bewegen müssen, um die Herausforderungen zu meistern, die sich für die Veranstaltungswirtschaft auf der Human Resource Seite ergeben. Mein Fazit, nochmal in Anlehnung an Dillerup und Stoi, sieht so aus: Nach wie vor werden wir die Vermittlung von Fachwissen (Knowledge) benötigen. Wir brauchen das regelmäßig aktualisierte Wissen über Unternehmen, ihre Produkte oder Prozesse sowie ihre Umwelt wie z. B. Kunden, Lieferanten oder Wettbewerber mehr denn je. Und natürlich braucht dies betriebswirtschaftliche, technische und sicher auch rechtliche Kenntnisse für berufliche Aufgaben.

Gleichzeitig wird die Erweiterung der Fähigkeiten an Bedeutung gewinnen. Insbesondere die methodischen Fähigkeiten und ihre eigenständige Anwendung auf praktische Problemstellungen wird herausragend wichtig. Event Design als Methode ist nur ein Beispiel. Voraussetzung dafür sind sehr gute analytische

Fähigkeiten – die systematische Annäherung an eine Aufgabe sowie konzeptionelles und strukturiertes Denken. Und wir werden soziale Fähigkeiten benötigen, die uns den offenen und partnerschaftlichen Umgang mit Kollegen und Vorgesetzten ermöglichen. Das alles wird aber nicht gelingen, wenn wir es nicht schaffen, neue Einstellungen zu bilden (Attitudes): Mehr denn je benötigen wir Toleranz, ein Streben nach permanentem Lernen, unternehmerisches Denken sowie Offenheit gegenüber Veränderungen. Den Wandel umarmen zu wollen, bereit zu sein für Veränderungen, sie anzunehmen mit den unbedingten Willen sie positiv gestalten zu wollen in Zeiten einer wachsenden Anspruchskultur. Das, glaube ich, wird die zentrale Herausforderung für die Veranstaltungswirtschaft in Sachen Human Ressource werden.

Ich würde sehr gern mit Ihnen sprechen und diskutieren. Das müssen wir heute auf ein anders Mal verschieben.

Herzlichen Dank für Ihre Aufmerksamkeit. Und: Grüße aus Schweden - Hej da![2]

2 Der Autor konnte bei der Summer University nicht persönlich vortragen und war durch einen vorab produzierten Filmbeitrag vertreten.

DAS GANZE IST MEHR ALS DIE SUMME SEINER TEILE

MIT LIVE COLLABORATIONS KOLLEKTIVE INTELLIGENZ NUTZEN

Oliver Malat

Im Wandel der Zeit

Kunden und Märkte verändern sich und Unternehmen wollen, nein, sie müssen, agiler werden. Sie unterliegen immer mehr dem großen Druck, schneller auf Veränderungen reagieren zu können. Dafür stellt sich Ihnen die Herausforderung, ihren Mitarbeitern ein neues Mindset zu vermitteln und gleichzeitig neue, auf die veränderten Anforderungen passende Arbeitsmethoden anzubieten.

Zusätzlich hat sich das menschliche Kommunikationsverhalten, somit von Mitarbeitern in Unternehmen, rasant geändert. So bedeutete vor 50 Jahren über „Live" nachzudenken noch etwas völlig anderes als heute, wo der mediale Anteil bei Veranstaltungen immer größeren Anteil bekommen hat. Vor allem aber hat sich die Dichte, also die quantitative Anzahl an Möglichkeiten und Erlebnisoptionen, vervielfacht.

Auch für die MICE-Branche, die ja im Markenkern nichts anders als zielführende Meetings, Kongresse und Events verspricht, bedeuten die Veränderungen in Organisationen einen hohen Bedarf an Anpassung. Denn da Unternehmen neue Anforderungen entwickeln, wird auch erwartet, dass deren Veranstaltungen ebendiese erfüllen.

Mitarbeiter-Kickoffs, Strategietagungen und viele weitere MICE-Formate müssten entsprechend anders ausgestaltet werden als noch vor einigen Jahren. Corporate Events brauchen neue Methoden, um Menschen und Mitarbeiter mitzunehmen und mit Zielen und Botschaften zu erreichen. Zumindest, wenn bei Events mehr stattfinden soll, als Show und Bühneninszenierung.

Wie kann die MICE-Branche nun darauf reagieren? Wie können Meetings und Konferenzen mit Hilfe digitaler Tools Menschen in tatsächlich Sinn bringenden Austausch bringen? Wir stellen uns beinahe täglich die Frage, wie die digitale Transformation in unseren Veranstaltungen und Produkten noch konstruktiver Einfluss nehmen kann. Die MICE-Industrie steht unter Innovationsdruck.

Die Grenzen von Event-Apps

Zunächst ist zu beobachten: Es gibt bereits zahlreiche digitale Kommunikationslösungen für Events – und zwar überwiegend in Form von unzähligen verschiedenen Event-Apps. Meist jedoch können diese Apps nahezu alle das Gleiche. Sie sind häufig, so kommt es uns vor, wenn wir mit verschiedensten App-Anbietern zusammenarbeiten, wie „Spoiler", die zwar etwas hermachen, aber nicht wirklich Mehrwert mit sich bringen.

Denn Event-Apps sind zwar digitale Tools, dienen aber mehr oder weniger nur dazu, Informationen bereitzustellen – klar, auf einem neuen, „cooleren" Weg. So kann man z.B. die Veranstaltungsagenda auf dem Smart Phone lesen; sehen, welcher Speaker vorne auf der Bühne steht und in welchen Raum es als Nächstes geht.

Haben Sie zum Ziel, mit digitalen Collaborations kollektive Intelligenz nutzbar zu machen, stoßen Event-Apps schnell an ihre Grenzen. Aber geht es nicht genau darum, dass Wissen von Vielen nicht ungenutzt zu verschwenden, sondern Menschen intellektuell miteinander zu vernetzen, um gemeinsam Ergebnisse zu generieren? Zumindest bei strategischen, inhaltlichen MICE-Veranstaltungen?

Fragen stellen zu können und sie später auf einer Art Twitterwall wiederzusehen, ist sicher Interaktion 1.0. Mit etwas Glück kann man noch an einer Live-Abstimmung teilnehmen. Aber solche Votings als echte Kollaboration, also als wirkliche Zusammenarbeit zwischen Personen, die Wissen austauschen und dieses dann interaktiv vertiefen, zu verstehen, wäre sicher nur begrenzt belastbar.

Event-Apps sind ein Anfang. Ihre Leistungsfähigkeit, wirkliche Live-Collaborations bei MICE-Veranstaltungen digital zu vereinfachen, zu organisieren oder zu beflügeln, ist sehr limitiert. Um eine wirklich leistungsstarke App zu finden, müssen Sie noch richtig auf die Suche gehen.

Kollektive Intelligenz nutzen

Digitale Hilfsmittel für digitale Collaborations haben das klare Ziel, aus vielen einzelnen Erfahrungen und Perspektiven – also aus Wissen, das in der gesamten Organisation verstreut ist – ein fokussiertes gemeinsames Ergebnis zu generieren. Hierfür steht der bereits lange etablierte Begriff der „Schwarmintelligenz". Die Idee dahinter: vorhandenes, in einer großen Gruppe bestehendes, Wissen abzugreifen und gemeinsam Neues entstehen zu lassen. Die Richtung, in die ebendieses Wissen geleitet wird, ergibt sich aus dem Austausch der Beteiligten. Das Resultat: ein Ergebnis, bei dem das Ganze zu mehr wird, als die Summe der einzelnen Teile. Das Ziel ist es, aus dem kollektiven Wissenspool etwas Individuelles, Bedeutsames, Gemeinsames entstehen zu lassen.

Leider zeigt die Erfahrung: Schwärme sind nicht immer nur intelligent. Es gibt durchaus auch Gruppenbewegungen, die in eine völlig ungewollte Richtung große Eigendynamik entwickeln.

Betrachten wir demnach strategische Events mit Live-Collaborations, muss die kollektive Intelligenz also unbedingt gebündelt und gesteuert werden, wenn die Interaktion während eines Events strategisch wertvoll nutzbar gemacht werden sollen.

Die Realität in Meetings und bei Konferenzen

Um schneller und agiler zu werden, brechen immer mehr Unternehmen ihre gewachsenen Strukturen, also das traditionellen Top-Down-Denken, sukzessive auf.

Aber: „Frontalunterricht", bei dem ein Vortrag auf den anderen folgt, die Teilnehmer in Reihen sitzen und stupide nach vorne schauen, ist bei tausenden von MICE-Veranstaltungen immer noch Meetingalltag. Gute, fesselnde Redner sind leider in der Minderheit. Typisch ist eher, dass Teilnehmer einfach nur stumpf zuhören, ohne zu wissen, wer überhaupt neben ihnen sitzt und geschweige denn, ohne sich mit den Kollegen über Inhaltliches auszutauschen, Erfahrungen einzubringen und Wissen zu matchen.

Die „dort oben", also die Redner auf den Bühnen, mutmaßen, dass ihre Botschaften bei den Zuhörern ankommen. Ob das passive Publikum allerdings länger als eine Handvoll Minuten bei der Sache bleibt, ist häufig mehr als ungewiss.

Die VUCA-Welt braucht kollaborative Organisationen

Unternehmensumfelder werden immer schwieriger zu managen. Der Begriff „VUCA-Welt" beschreibt, wie unbeständig, unsicher, komplex und mehrdeutig die Einflussfaktoren miteinander verzahnt sind.

V Volatility
U Uncertainty
C Complexity
A Ambiguity

Um uns herum ist alles unberechenbarer und ungewisser. Alles wird komplexer und ist miteinander verwoben. Es wird immer schwieriger, vorherzusagen, „wie alles funktioniert" oder sichere Prognosen über Geschäftserfolge und -entwicklungen zu wagen. Und beobachten wir retrospektiv Veränderungen, ist es schwieriger denn je, zu analysieren, welcher Impuls diese ausgelöst hat.

Veränderung als Chance sehen

Wie Unternehmen funktionieren, ist so facettenreich und die internen Vernetzungen unter einzelnen Stakeholdern, Wissensträgern und Akteuren sind so verzweigt, dass es mehr braucht, als Einbahnstraßenkommunikation, um Organisationen nach vorne zu bewegen.

Veränderungen geben der Welt ihren Bestand und sind für die Evolution wesentlich. Die Geschwindigkeit von Veränderungen hat sich jedoch erhöht. Sie als Chance anzusehen und sich stetig weiterzuentwickeln, gelingt nur, wenn traditionelle Strukturen, auch bei Meetings, Konferenzen und Events, aufgebrochen werden. Eine Einsicht, die bereits bei einigen Unternehmen angekommen ist – und somit eine große Chance, auch für die MICE-Branche.

Eigentlich müsste ein riesiger Bedarf an mehr digitalen Events und Konferenzen mit echter Kollaboration unter den Teilnehmern bestehen. Doch hält die Branche die passenden Angebote und Antworten bereits parat? Eine einfache Event-App mit der Option „Ich kann hier mal eben abstimmen" reicht einfach nicht. Immer mehr geht es darum, sich strategisch glaubwürdig miteinander zu vernetzen und sich als Gruppe, als denkendes Kollektiv, in eine gemeinsame Richtung zu bewegen. Die Vorteile der Digitalität liegen auf der Hand: So können digital zum Beispiel größere Gruppen von Menschen erreicht werden, Hierarchiefreiheit kann gelebt und die Anonymität jedes einzelnen Teilnehmers gewährleistet werden.

Wollen tun es viele. Aber wie kann das nun funktionieren?

In unserer Agentur werden wir fast täglich damit konfrontiert. So rufen Kunden an und sagen: ‚Wir wollen unsere Veranstaltung agiler und digitaler machen und brauchen eine App'. Aber wie funktioniert das? Wie kann man mit digitalen Tools inhaltliche Zusammenarbeit so gestalten, dass die kollektive Intelligenz wirklich genutzt wird? Und das in einer Branche, deren Status „digital" sich momentan noch auf besagte oberflächliche App-Anwendungen oder lustige digitale iPad-Schnitzeljagden durch globale Innenstädte beschränkt. Veranstaltungen müssen auf intelligentere Weise als bisher digitaler werden, um das Wissen vieler Menschen zu verarbeiten und Weiterentwicklung voranzutreiben.

An den richtigen Stellschrauben drehen

So viel braucht es gar nicht, um kollektives Wissen über digitale Wege strategisch Gewinn bringend nutzbar zu machen.

Im ersten Schritt ist es wichtig, das richtige Setup zu schaffen: Also weg vom frontalen Plenum und hin zu interaktiveren Räumen, die den Austausch miteinander beflügeln, anstatt schon alle Zeichen darauf setzen, dass man mal wieder „nur kommt, um gemeinsam zu konsumieren". Über Raumgestaltung, Anordnung von Stühlen und Bühnen können Menschen zum Austausch angeregt und eine Kultur des Miteinanders kreiert werden. Einfach gesagt: Schaffe eine Atmosphäre, in der Menschen gerne miteinander reden. Und gehe dabei neue Wege.

Im zweiten Schritt gilt es, das richtige Storytelling aufzubauen, zu überraschen, um gemeinsam eine Welt zu erschließen, in der es sich lohnt, sich zusammen nach vorne, in Richtung Zukunft, zu bewegen.

Das Kölner Modell

Klubhaus hat sich bereits 2017 zusammen mit anderen Vordenkern[3] aus unterschiedlichen Branchen „eingeschlossen", um zu diskutieren, was die Erfolgsfaktoren für erfolgreiche Kollaboration in großen Gruppen - digital und analog - ausmacht. Entstanden ist das so genannte „Kölner-Modell", das die zentralen Erfolgsfaktoren für gelungene Kollaboration in Großgruppen auf den Punkt bringt.

Wundern Sie sich nicht, dass das Modell so einfach klingt, freuen Sie sich. Doch Achtung: Das Kölner Modell mit Inhalt zu füllen und zum Leben zu erwecken, ist gar nicht so einfach, die Tücke steckt im Detail.

1. Sinn
   Teilnehmer müssen zunächst verstehen, warum sie überhaupt zu einem Meeting oder einem kollaborativen Event, eingeladen worden sind und welchen Mehrwert es haben wird, sich zu öffnen, einzubringen und zusammen Neues entstehen zu lassen. Ist der Sinn verstanden, ist der Grundstein gelegt. Leider ignorieren viele Inszenierungen und Programme diese an sich offensichtliche Grundanforderung, „fallen mit der Tür ins Haus" und überrollen die Teilnehmer. Die sich nachvollziehbarer Weise vorsichtig verschließen anstatt sich zu wie gewünscht einzubringen.

2. Kultur
   Der Sinn des Zusammenkommens ist verstanden? Gut. Dann kann nun Stück für Stück eine Kultur des Miteinanders und konstruktiven Austausch aufgebaut werden. Stimmung, Klang, Geruch, Moderation,

3 Dr. Carl. Naughton, Prof. Stefan Luppold, Peter Schmidt, Katrin Kaumann und Dr. Torsten Fremer, Oliver Malat.

Setups ... nur, wenn sukzessiv alles glaubwürdig darauf abzielt, dass sich Teilnehmer wohlfühlen und Schritt für Schritt bereiter werden, sich authentisch einzubringen, können gute Resultate erreicht werden. In einer kühlen Atmosphäre, konfrontiert mit Tschakka-Moderationen oder Holzhammer-Methoden, werde ich mich nicht öffnen, im Gegenteil.

3. Dramaturgie
   Der Sinn ist verstanden, die Community ist bereit, aktiv mitzuwirken ... nun können wir starten, die Gruppe in Austausch zu bringen. Schritt für Schritt, behutsam, findet die Dramaturgie und Inszenierung nun den passenden Nährboden, um durch einen dynamischen Aufbau die Teilnehmer zu vernetzen und die Veranstaltung auf den gemeinsamen Höhepunkt, das gemeinsam erarbeitete Resultat, das kollektive Ergebnis, hinzuführen. Wichtig ist, dass die Teilnehmer am Ende verstehen: „Das, was mit viel Sinn und der richtigen Kultur in einem mitreißendem Flow heute hier geschaffen wurde, war nicht vergebens, sondern hilft uns allen!". Der gemeinsame Abschluss, ein sichtbares Ergebnis am Ende jedes kollaborativen Events, muss Perspektiven für die Zukunft aufzeigen.

4. Energie
   Erst wenn der Sinn vermittelt, die passende Kultur aufgebaut wurde und eine griffige Dramaturgie die Veranstaltung zum Ziel führte, kann die gesamte vorhandene Energie der Teilnehmer in Gänze genutzt und kanalisiert werden.

Das Kölner Modell = Sinn + Kultur + Dramaturgie = Ergebnis

Anstelle beispielsweise nur über Flexibilität und Wandlungsfähigkeit zu referieren, Speaker nach Speaker Vorträge halten zu lassen, kann Wandlungsfähigkeit komplett als Schlüssel zur Dramaturgie, zum kollektiven Erlebnis, gemacht werden. Inszenierte Pannen, Off-Locations in inspirierenden Umfeldern, die Gruppen sich zunächst gemeinsam „erarbeiten" müssen, leere

Räume, die sich Stück-für-Stück mit zusammen visualisierten Ergebnissen füllen ... Transformation wird zur Großgruppenerfahrung, Kultur wie von selbst geschärft. Stück für Stück wurde in die Story verwickelt. Die Dramaturgie hat 100 Prozent aufs Ziel, Wandlungsfähigkeit greifbar zu machen, eingezahlt. Energie und Zusammenhalt, nachhaltig positive Emotionen und Erinnerungen sind das Resultat. Noch heute erinnern sich die Teilnehmer an diese Momente und sprechen uns an – und so soll es doch sein, oder?

Wie gelingt es konkret, mit digitalen Tools große Gruppen in kollaborativen Austausch zu bringen?

Mischen Sie analoge Workshop-Elemente, lebendiges physisch miteinander Arbeiten in Brainstormings mit digitalem Co-Working in Collaborations tauglichen Netzwerken:

- An Laptops und über Apps - die über die passende Software leistungsfähig genug sind, um Arbeitsgruppen so zu matchen, dass nur diejenigen an Themen arbeiten, die wirklich Lust haben, sich einzubringen.
- Tauschen Sie schrittweise, vom Allgemeinen zum Konkreten, Wissen aus, um zunächst zentrale Thesen oder Fragestellungen zu verdichten.
- Lassen Sie die Ergebnisse von der gesamten Community lesen und bewerten.
- Feedback wird gesammelt und zurückgespielt, denn nur dann kann das gesamte vorhandene Wissen von den Kleingruppen weiterverarbeitet und einfließen gelassen werden, um die einzelnen Teilthemen weiterzuentwickeln.
- Werden Sie Runde für Runde konkreter.
- Bringen Sie immer neue Konstellationen von Interessierten in Austausch.
- Nutzen Sie sowohl die Bewegung im Raum als auch analoge Tools und Impulse, um die Kreativität anzuregen und die Spannung Ihrer Session aufrecht zu erhalten.
- Verdichten Sie in abschließenden Votings bzw. Bewertungen die gewonnen Ergebnisse und visualisieren Sie die Resultate.

Schritt für Schritt kann mit digitaler Kollaboration die kollektive Intelligenz, das Wissen der Vielen, auf ein gemeinsames Ziel ausgerichtet und zu einem sichtbaren, spürbaren Ergebnis hin kanalisiert werden.

Eine Herausforderung nicht nur für Digital-Dienstleister, sondern mindestens ebenso für Konzeptioner, Moderatoren, Meeting Designer und Regisseure – und deren Kunden.

Für uns im Klubhaus gilt: Veranstaltet Neues!

Wir sind uns sicher, dass sich in der Zukunft von Meetings, Kongressen und Events digitale Kollaborationen immer weiter verbreiten werden. Das „höher, schneller, weiter" kurzlebiger Inszenierungshöhepunkte wird mehr und mehr strategischen, inhaltlich wertvolleren, Veranstaltungskonzepten weichen. Anfänge sind getan, tolle Beispiele zu entdecken. Für die MICE-Branche entsteht ein Potenzial, das derzeit quasi unausgeschöpft brach liegt. Eine spannende Reise aus der Event-Industrialisierung in die agile Neuzeit. Man darf gespannt sein...

AUGMENTED REALITY IN DER MESSEWIRTSCHAFT AUS VERANSTALTERSICHT

Philip Häußler

I. Einleitung

Fachmessen spielen für Unternehmen eine bedeutende Rolle und haben nach der eigenen Homepage die zweithöchste Wichtigkeit im Kommunikations-Mix (vgl. AUMA e.V. 2016, S. 17). Viele Unternehmen nutzen das Medium Fachmesse unter anderem, um Produkte und Innovationen präsentieren zu können, Kontakte zu knüpfen und zu pflegen und sich im Wettbewerbsumfeld zu positionieren.

Auch die Anforderungen der Fachbesucher an das Medium Fachmesse haben sich in den letzten Jahrzehnten stark verändert. Heute stehen für sie weniger die Geschäftsabschlüsse, dafür aber vor allem die Beschaffung und der Austausch von Informationen sowie Kontaktmöglichkeiten im Mittelpunkt (vgl. AUMA e.V. 2015, S. 11). Fachmessen sollen unterstützen, diese Bedürfnisse möglichst effizient zu befriedigen.

Bei diesen Anforderungen der Besucher stehen Fachmessen in erster Linie mit dem wachsenden Angebot digitaler Lösungen im intensiven Wettbewerb. Deshalb ist es wichtig, das Medium Fachmesse so attraktiv zu gestalten, dass es Besucher weiterhin nutzen, um ihre beruflichen Ziele zu erreichen. Besonderes Augenmerk gilt dabei der Personengruppe der „Digital Natives", also Personen, die mit Digitaltechnologien aufgewachsen sind. Sie unterscheiden sich stark im Kommunikationsverhalten und den –bedürfnissen von älteren Generationen und nehmen einen zunehmenden Anteil der Zielgruppe von Fachmesseveranstaltern ein.

Eine Möglichkeit, das Medium Fachmesse attraktiver zu gestalten und zu modernisieren, besteht darin, Technologien aus dem Megatrend Digitalisierung zu nutzen. Der Einsatz von digitalen Medien stärkt den Wettbewerbsvorteil von Fachmessen gegenüber dem substituierenden Digitalangebot. Diese Herangehensweise fördert auch den Status von Fachmessen als integratives Kerninstrument im Kommunikations-Mix der Unternehmen. Augmented Reality (kurz: AR) könnte für diese Überlegungen eine zentrale Bedeutung zukommen.

AR ist eine Digitaltechnologie, die sich dadurch kennzeichnet, die physische Realität mit einer digitalen Informationsebene zu verknüpfen. Sie scheint sich daher gut dafür zu eignen, das Medium Fachmesse, dessen Daseinsberechtigung vor allem im persönlichen Kontakt und dem realen, multisensorischen Produkterlebnis liegt, mit einer digitalen Lösung anzureichern, weil der Kern des Formats dabei nicht verletzt wird.

Funktionen von Fachmessen wie die Schaffung von Markttransparenz, die Marktpflege, der Informationsaustausch zwischen den Teilnehmern, Unterstützung bei der Kontaktgenerierung und –pflege, aber auch Leistungen für die Produktpräsentation können mit AR auf ein neues Niveau gehoben werden. Die unmittelbare Verknüpfung der physischen Realität mit digitalen Informationen birgt gerade auch für die Effizienz eines Messebesuchs ein sehr großes Potential.

2. Augmented Reality

Als AR wird eine Digitaltechnologie bezeichnet, in der eine digitale Informationsebene geschaffen wird, die in die reale Umwelt eingebettet wird. Diese Informationsebene wird über ein Medium, wie etwa ein Smartphone, ein Tablet oder eine AR-Brille für den Nutzer sichtbar.

Die Technologie erfuhr durch die Veröffentlichung der Spieleapplikation „Pokémon Go“ im Juli 2016 einen Schub an Bekanntheit und Popularität in der Öffentlichkeit (vgl. Azuma 2016, S. 234), wurde aber auch davor schon in unterschiedlichen Anwendungsbereichen im industriellen, militärischen und technischen Umfeld sowie in der Unterhaltungsbrache, in der Vermarktung und weiteren Bereichen eingesetzt.

2.1 Definition und Einordnung

In der Literatur existieren unterschiedliche Definitionen zu AR. Dass es keine einheitliche Definition gibt, wird auch in mehreren aktuellen Schriften festgehalten (vgl. Broll 2013, S. 245; Mehler-Bicher und Steiger 2014, S. 9; Schart und Tschanz 2015, S. 21; Craig 2013, S. 15).

Hier wird der anwendungsorientierte Definitionsansatz von Schart und Tschanz herangezogen, der gestalterischen Spielraum für die notwendige Hard- und Software lässt, aber gleichzeitig die Wirkung der Technologie umfasst:

„Augmented Reality ist die Schnittstelle zur Erweiterung der Realität sowie bestehender Medien mit virtuellen Objekten, digitalen Inhalten und ortsbezogenen Informationen - mit dem Ziel, Interaktion zu schaffen, die Informationsaufnahme zu erleichtern und aktive Wahrnehmung bei gesteigerter Verweildauer zu fördern" (Schart und Tschanz 2015, S. 23).

Die gängigste Art der Einordnung von AR beruht auf dem Modell „reality-virtuality continuum" von Milgram et al. Den Rahmen des Modells bilden dabei die reale und virtuelle Umgebung (vgl. Abb. 1), die in ihrer Beziehung die Extreme bilden. So beinhaltet die reale Umgebung keine virtuellen Komponenten und bezieht sich ausschließlich auf reale Szenen, die vom Betrachter direkt oder indirekt über Medien, wie etwa einer Kamera, wahrgenommen werden können. Die virtuelle Umgebung hingegen hat keine realen Objekte und wird rein virtuell dargestellt (z.B. Computerspiele). Alle Mischformen werden als „Mixed Reality" bezeichnet. Überwiegt dabei in der Umgebung der Anteil virtueller Objekte, spricht man von „Augmented Virtuality". Wenn virtuelle Objekte in eine reale Umgebung eingebettet werden, ergibt sich die „Augmented Reality" (vgl. Mehler-Bicher und Steiger 2014, S. 9).

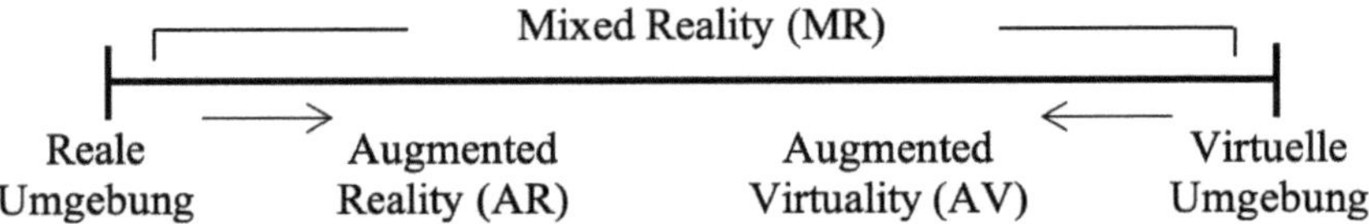

Abb. 1: Reality-Virtuality Continuum
Quelle: Eigene Darstellung in Anlehnung an Milgram et al. 1995, S. 283

Das Modell von Milgram et al. ermöglicht auch eine Abgrenzung zu verwandten Technologien. So bewegt sich „Virtual Reality" (kurz: VR) im Bereich der virtuellen Umgebungen, weil hier die reale Umgebung ausgeblendet wird und die Wirklichkeit vollständig in einer computergenerierten, virtuellen Umgebung dargestellt wird (vgl. Mehler-Bicher und Steiger 2014, S. 9). Der Unterschied von AR und VR lässt sich auch an den Voraussetzungen für notwendige Hard- und Software festmachen. Während VR vergleichsweise hohe Anforderungen an die Visualisierung zur virtuellen Darstellung der Wirklichkeit und an das Display des wiedergebenden Mediums hat, hat AR bei diesen Aspekten geringere Anforderungen. Dahingegen ist bei AR die Tracking- und Sensorentechnologie wichtiger als bei VR (vgl. Azuma 1997, S. 17).

2.2 Anwendungsfelder

AR-Technologien finden sich in einer Vielzahl von Anwendungen wieder. Aufgrund der rasanten Entwicklung der Technologie entstehen laufend neue Anwendungsfelder. Auch wenn die nachfolgend aufgeführten Bereiche deshalb nicht vollständig sind, sind die Beispiele nützlich, um das Verständnis für die Technologie zu steigern und gleichzeitig Anregungen für die Anwendung im Messewesen zu bekommen.

- Industrie: Bau, Reparatur und Wartung komplexer Geräte, Anlagenplanung, Konstruktion, Simulation, Schulungen und Trainings
- Militär und Krisen-/Katastrophenmanagement: Umgebungsinformationen im Helmvisier, Simulation von Umgebungen und Szenarien
- Lehre und (Aus-)Bildung: z.B. Experimente mit makro- und mikroskopischen, sehr großen oder gefährlichen Bestandteilen
- Architektur und Städteplanung: Planungssimulation
- Medizin: Trainings, Einsatz bei OPs, Behandlung von Psychosen und Phobien
- Navigation und Tourismus: Stadtführer, Rekonstruktion von Gebäuden, Navigation für Fußgänger und Transportmittel aller Art (Autos, Flugzeuge, Schiffe), Navigation in Supermärkten oder in der Logistik (Lagerhallen, Warenzustellung)
- Kollaboration: Unterstützung von Telefon- und Videokonferenzen
- Spiele und Unterhaltung: Spiele auf verschiedenen Endgeräten, Brettspiele und Bücher, Museen, Sportveranstaltungen im TV
- Marketing und Promotion: Animierte Printbroschüren, Vertriebsunterstützung am POS oder im Eigenheim, Präsentationen, Messen und Events

3. Fachmessen

Um prüfen zu können, ob sich AR für den Einsatz auf Fachmessen grundsätzlich eignet, bedarf es einer genaueren Betrachtung des Mediums Fachmesse. Insbesondere die Ziele der Fachmessebesucher stellen eine geeignete Orientierungshilfe dar. Dieser nachfolgend näher beschriebene Ansatz schafft zusammen mit weiteren Ausgangspunkten, wie z.B. der Betrachtung der Ziele und Bedürfnisse von Veranstaltern und Ausstellern oder auch der Untersuchung der Alleinstellungs- und Positionierungsmerkmale von Messen in der Kommunikationslandschaft, ein Verständnis für die Rolle des Mediums Fachmesse im Gesamtkommunikationskontext. Der daraus abgeleitete, zusammengefasste Auftrag des Veranstalters im abschließenden Unterkapitel stellt die Grundlage zur Prüfung der Passfähigkeit von AR zum Messewesen dar.

3.1 Ziele der Fachmessebesucher

Eine genauere Betrachtung der Fachbesucher rechtfertigt sich darin, dass die Beteiligung der Aussteller an der Fachmesse nur gewährleistet ist, wenn es ausreichend Besucherpotential gibt (vgl. Strothmann 1992, S. 23). Es ist wichtig, dass ausreichend Fachbesucher ihre Ziele erreichen, die sie mit dem Besuch verbinden, damit sie die Fachmesse zufrieden verlassen, wahrscheinlich zur Folgeveranstaltung wiederkommen und sie bis dahin auch weiterempfehlen. In diesem Fall ist die Fachmesse nicht nur für die Fachbesucher, sondern auch für die Aussteller eine relevante Plattform zur Erreichung ihrer Vertriebs- und Vermarktungsziele (vgl. Peters 1992, S. 64).

Aus einer Sekundärdatenanalyse des AUMA e.V. geht hervor, dass Fachbesucher folgende Ziele mit abnehmender Relevanz bei ihrem Besuch verfolgen:

- Informationen über Neuheiten und Trends
- Informationsbeschaffung
- Erfahrungs- und Informationsaustausch
- Weiterbildung
- Pflege bestehender Geschäftsbeziehungen
- Marktbeobachtung

- Vorbereitung des Einkaufs nach der Messe
- Einkauf auf der Messe

Es wird deutlich, dass für Fachbesucher transaktionsbezogene Ziele, wie die Vorbereitung des Einkaufs nach der Messe oder der Einkauf auf der Messe, nicht im Vordergrund stehen. Die vier wichtigsten Ziele hingegen haben mit Bedürfnissen im Zusammenhang mit der Beschaffung oder dem Austausch von Informationen zu tun (vgl. Meffert 2003, S. 1154).

3.2 Eigenschaften und Aufgaben von Fachmessen

Die nachfolgend beschriebenen Eigenschaften und Aufgaben von Fachmessen bilden die Basis für die kreative Entwicklung von potentiellen Einsatzmöglichkeiten von AR auf Fachmessen. Dabei werden vor allem Funktionen von Fachmessen aus einzelwirtschaftlicher, volkswirtschaftlicher sowie gesellschaftlicher Sicht, Ziele und Bedürfnisse von Besuchern und Ausstellern sowie die Rolle des Veranstalters berücksichtigt.

1. Kontaktoptimierung
   Eine grundlegende Funktion von Fachmessen ist es, Menschen in Kontakt zu bringen. Das betrifft sowohl neue als auch bestehende Kontakte der Teilnehmer. Ein wesentlicher Bestandteil des Kontakts ist der Erfahrungsaustausch, der auch ein wichtiges Bedürfnis der Fachmessebesucher bei ihrer Teilnahme ist. Fachmessen sollen die Kontaktbedürfnisse quantitativ und qualitativ befriedigen.
2. Informationstransfer
   Die Beteiligten einer Fachmesse nutzen die Teilnahme, um Informationen auszutauschen. Das betrifft sowohl die Aussteller, die Innovationen präsentieren und Produkteigenschaften demonstrieren wollen, als auch Besucher, die sich über Neuheiten und bestimmte Produkte informieren, Kaufentscheidungen vorbereiten oder sich Wissen durch Seminare und Vorträge aneignen wollen.

3. Marktpflege und -entwicklung
   Als Marktteilnehmer unterstützen Fachmesseveranstalter die Pflege und die Entwicklung des relevanten Branchenmarktes. Dabei setzen sie thematische Schwerpunkte und helfen bei der Erschließung neuer Marktsegmente oder neuer geografischer Regionen.
4. Transparenzförderung
   Fachmessebesucher kommen häufig mit dem Bedürfnis zur Fachmesse, sich einen Branchenüberblick verschaffen zu wollen. Dabei haben Fachmessen einzigartige Möglichkeiten diesen Überblick herzustellen, weshalb diese Funktion in dieser Qualität als Alleinstellungsmerkmal im Kommunikationsumfeld angesehen werden kann. Veranstalter haben ein großes Interesse, diesen Vorteil zu pflegen.
5. Besuchseffizienz
   Gerade auf großen Leitmessen ist es oft schwierig, sich vor Ort zu orientieren und die richtigen Aussteller und Kontakte zu finden. Für Besucher ist die Effizienz ihrer Teilnahme, die einen hohen zeitlichen und finanziellen Aufwand mit sich bringt, sehr wichtig. Deshalb ist es im Interesse der Veranstalter, Leistungen anzubieten, die die Besuchseffizienz steigern.
6. Positionierungsauftrag
   Veranstalter sind Initiatoren der Fachmesse und kümmern sich um die Vermarktung und Positionierung der Veranstaltung im Branchen- und Veranstaltungsmarkt. Bei der Gestaltung stehen deshalb nicht nur Fragestellungen im Fokus, die die Branchenthemen betreffen, sondern auch solche, die die Gestaltung des Mediums Fachmesse behandeln.
7. Generationenwechsel
   Ein besonderer Auftrag kommt dem Messewesen heutzutage bei der Handhabung des Übergangs von „Digital Immigrants" zu „Digital Natives" in der Zielgruppe zu, die einen zunehmenden Anteil an den Fachmessebesuchern ausmachen. Diese fundamentale Änderung in der Zielgruppe bringt mit sich, dass z.B. Bedürfnisse nach Mitbestimmung, Feedbackmöglichkeiten, digitaler Kommunikation und visueller

Wahrnehmung steigen werden. Dieser Aspekt ist daher als Querschnittsfaktor zu betrachten und bei allen Anwendungen zu berücksichtigen.

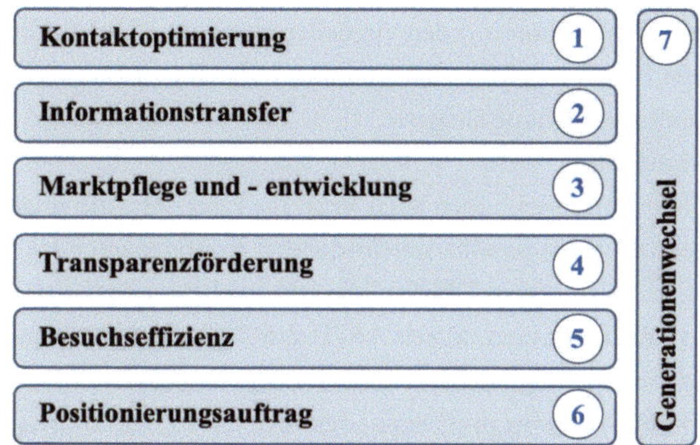

Abb. 2: Übersicht der Eigenschaften und Aufgaben von Fachmessen
Quelle: Eigene Darstellung

4. Einsatzmöglichkeiten von Augmented Reality auf Fachmessen

Die Erkenntnisse zur AR-Technologie (Kapitel 2) und zu den Fachmessen (Kapitel 3) ermöglichen die Entwicklung von Anwendungsansätzen mit AR, die ein Einsatzpotential für Fachmessen aufweisen.

Die potentiellen AR-Anwendungen werden in den Rubriken „Content-Anwendungen“, „Kontaktanwendungen“, „Inszenierungs- und Profilierungsanwendungen“ und „Orientierungsanwendungen“ vorgestellt.

4.1 Content-Anwendungen

Content-Anwendungen bedienen insbesondere die Bedürfnisse der Messeteilnehmer nach Informationstransfer, Marktpflege- und entwicklung sowie Transparenzförderung.

1. Sonderschauen:
   Sonderthemen auf Fachmessen, die aufgrund ihrer Relevanz für die

Branche oder ihrer Komplexität als Sonderschauen dargestellt werden, könnten mittels AR greifbarer in Szene gesetzt werden. Vor allem in Zusammenhang mit AR-Brillen als Ausgabemedium könnte auch eine haptische Interaktion mit den virtuellen Exponaten durch Gestenerkennung die Erfahrungsintensität und damit das Erlebnis und die nachhaltige Wissensvermittlung steigern.

2. Präsentationen:
   Fast alle Fachmessen haben auch Vorträge integriert, die einzeln in Foren oder gebündelt auf parallel stattfindenden Konferenzen oder in Seminaren abgehalten werden. Objekte, die während einer Präsentation erläutert werden sollen, könnten mittels AR-Technologie auch dreidimensional im Vortragsraum gezeigt werden. Insbesondere Seminare mit Schulungscharakter könnten davon profitieren, dass sich die Präsentationsqualität und das Lernerlebnis verbessert und die Wissensvermittlung dadurch nachhaltiger wirkt.
3. Gamification:
   Bei der thematischen Einführung für Schulklassen oder anderen Gruppierungen potentieller Marktteilnehmer kann eine spielerische Heranführung an das Thema, wie etwa eine interaktive Messe-Tour mit AR-Elementen, helfen, Hemmschwellen zur Fachthematik zu senken und die Einführung interessanter zu gestalten.

4.2 Kontaktanwendungen

Kontaktanwendungen sollen helfen, die richtigen Kontakte schneller herzustellen. Sie haben damit nicht nur Einfluss auf die Kontaktqualität, sondern befriedigen auch das Bedürfnis nach einem effizienten Messebesuch.

1. Networking:
   Ein wichtiges Ziel von Ausstellern und Besuchern ist es, Kontakte zu knüpfen. Deshalb bieten Messeveranstalter häufig Networking-Events an, die die Messe flankieren und bei denen die Veranstalter bemüht sind, bei lockerer Atmosphäre eine Durchmischung des Publikums zu erreichen.

Mit AR sind Networking-Formate denkbar, bei denen sich Teilnehmer schneller identifizieren könnten.

Abb. 3: Entwurf einer Networking-Anwendung
Quelle: Eigene Darstellung

2. Match-Making:
   Mit einem Match-Making-Service im Vorfeld der Fachmesse können sich Personen schon vor der Veranstaltung vernetzen. Um sich dann vor Ort schneller zu finden, könnte eine AR-Anwendung Hilfestellung leisten.

4.3 Inszenierungs- und Profilierungsanwendungen

Anwendungen, die der Inszenierung und Profilierung einer Veranstaltung dienen, werden nicht als Besucherservice eingesetzt, sondern stärken die Positionierung der Veranstaltung insgesamt im Kommunikationsumfeld des Branchenmarkts. Außerdem helfen sie durch die Berücksichtigung der Bedürfnisse der „Digital Natives" diese Zielgruppe für die Live-Kommunikation zu begeistern.

1. Produktpräsentation der Aussteller:
   Messeveranstalter könnten mit ihrer AR-Expertise Aussteller beraten, ihre Produkte mittels AR zu visualisieren. Denkbar wäre auch das Angebot

eines Software-Standardtools, das Aussteller für die Entwicklung von AR-Anwendungen für ihre Messeauftritte nutzen könnten.

2. Vermarktung der Messe:
   Bei der Vermarktung von Fachmessen setzen Veranstalter im Kommunikations-Mix auch auf Messeauftritte, Marketing-Events, Firmenbesuche und Netzwerkveranstaltungen. Bei diesen Gelegenheiten kann die Messe selbst durch eine AR-Darstellung präsentiert werden und ihre Glaubwürdigkeit als digitalisierte Plattform für Live-Kommunikation steigern. Denkbar wären auch durch AR angereicherte Printprodukte wie Flyer, Einladungsschreiben oder Tickets, die im Vorfeld versendet werden. Dieser Ansatz ermöglicht, Teilnehmer an die Nutzung von AR heranzuführen, damit sie vor Ort mit der Technologie umzugehen wissen.
3. Atmosphäre:
   Die Bausubstanz des Veranstaltungsgebäudes kann als Display verwendet werden und durch Projektion um digitale Zusatzinformationen erweitert werden. Diese Technik ist auch als „Wall-Mapping“ oder „Projection Mapping“ bekannt. So ist es möglich, je nach Messethema eine bestimmte Atmosphäre zu schaffen.

4.4 Orientierungsanwendungen

Orientierungsanwendungen steigern in erster Linie die Besuchseffizienz. Doch auch für den Wunsch nach Transparenz, für die Kontaktoptimierung und den Informationstransfer können sie hilfreich sein.

1. Ausstellerinformationen:
   Aussteller hinterlegen in der Regel ihre Informationen, wie Kontaktdaten und Unternehmens- und Produktbeschreibungen, für Ausstellerdatenbanken, die von Veranstaltern gedruckt, online und/oder per Smartphone-Applikation veröffentlicht werden. Diese Informationen könnten auch über AR an den Standort des Messestands gekoppelt werden, um sie in der Messehalle direkt am Stand ablesen zu können, ohne dass im gedruckten oder digitalen Katalog gesucht werden muss.

2. Strukturfilter:
   Viele Besucher kommen zu einer Fachmesse mit dem Ziel, Personen oder Unternehmen zu treffen, die helfen können, ein bestimmtes Problem zu lösen, ohne im Vorfeld zu wissen, wen sie konkret treffen wollen. Hier könnte eine AR-Anwendung über eine Filterfunktion unterstützen und Aussteller, die eine entsprechende Lösung anbieten, am realen Standort kennzeichnen.

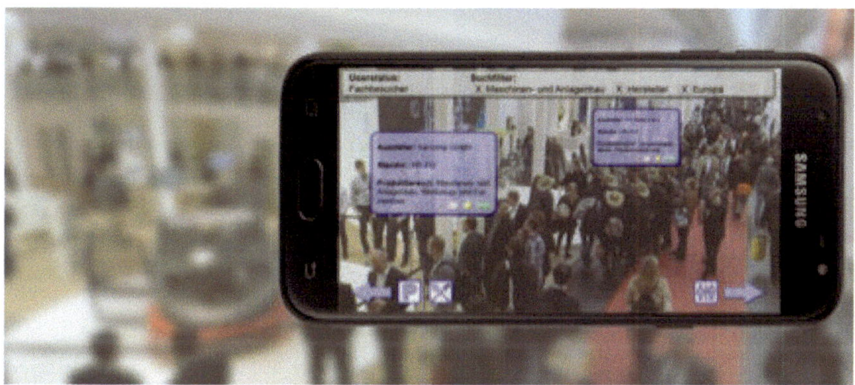

Abb. 4: Entwurf einer Orientierungsanwendung
Quelle: Eigene Darstellung

3. Navigation:
   Eine AR-Applikation könnte helfen, den schnellsten Weg zu einem Aussteller zu finden. In dem Fall hätte die Anwendung eine Navigationsfunktion, wie sie sonst auch in der Straßennavigation bekannt ist. Dabei wird die Strecke über das Display in die reale Umgebung eingeblendet.
4. Messeführungen:
   Die Navigationsfunktion ermöglicht dem Veranstalter auch thematische Führungen anzubieten. Diese könnten dann z.B. eine Einführung in das Messethema mit einer Führung durch die gesamte Fachmesse oder auch eine Führung zu einem bestimmten Thema möglich machen. Dabei findet nicht nur eine Navigation durch die Fachmesse statt, sondern auch eine audio-visuelle Informationsvermittlung an definierten Point-of-Interests.

5. Zusammenfassung und Herangehensweise

Grundvoraussetzung für den Einsatz von AR ist, dass die Alleinstellungsmerkmale des Mediums Fachmesse im Kommunikationsumfeld durch die Technologie gestärkt werden. Im Umgang mit AR gibt es aus Veranstaltersicht unterschiedliche strategische Ansätze, die nachfolgend ebenso beschrieben sind wie Faktoren, die für die Entwicklung einer entsprechend Applikation berücksichtigt werden sollten.

5.1 Strategie

Als Reaktion auf den gravierenden Einfluss der Digitalisierung auf den Kommunikationsmarkt, sollte die Digitalisierung bei allen Messeveranstaltern auf der strategischen Agenda stehen. Unabhängig von den strategischen Handlungsalternativen sollten sie die digitalen Medien nutzen, um zunächst die Wettbewerbsvorteile gegenüber anderen Kommunikationsinstrumenten zu stärken, die in der Kombination von persönlichem Kontakt, physischem und multisensorischem Produkt- und Markenerlebnis, dem Einfluss der Atmosphäre, dem Blick in die Zukunft, der Orientierung im Markt und der Chance auf zufällige Begegnungen oder Erkenntnisse liegen.

Bei der Frage, ob AR als Digitaltechnologie aus strategischer Sicht zum Messewesen passt, sind unterschiedliche Herangehensweisen durch den Veranstalter denkbar:

1. AR spielt in der strategischen Agenda keine Rolle.
2. AR wird punktuell eingesetzt, wenn es einen operativen Nutzen bringt.
3. Der Einsatz von AR durch andere Anbieter wird beobachtet. Eine Early-Adopter-Strategie wird in Betracht gezogen.
4. Pionier-Strategie: AR als digitale, strategische Erweiterung des physischen Live-Formats Fachmesse, wodurch hybride B2B-Events entstehen.

Der umfassende Ansatz der Pionier-Strategie sagt im Wesentlichen aus, dass AR flächendeckend als zentrale Digitaltechnologie integrativ eingesetzt wird. Das heißt, während vor und nach der Veranstaltung Digital- und Printmedien veranstaltungsrelevante Informationen transportieren, wird AR als Ausgabemedium aller relevanten Informationen eingesetzt, die die Teilnehmer vor Ort, also während der Veranstaltung, benötigen. Mit AR können die Teilnehmer dann alle benötigten Informationen kontextrelevant abrufen, was sich positiv auf die Besuchseffizienz und das Besuchserlebnis auswirken könnte.

5.2 Realisierung von AR-Anwendungen

Bei der Umsetzung von AR-Anwendungen sind einige Aspekte zu berücksichtigen, die überwiegend aus dem niedrigen Bekanntheitsgrad von AR resultieren:

- Berücksichtigung des individuellen Fachmessekontexts
- Sukzessive Etablierung von AR-Anwendungen, um Nutzer nicht zu überfordern
- Hohe Benutzerfreundlichkeit
- Eindeutiger Mehrwert
- Dezente spielerische Komponenten
- Berücksichtigung der besonderen Bedürfnisse der „Digital Natives“
- Hohen Verbreitungsgrad von Smartphones nutzen
- Anwendungen ohne hohe Präzisionsanforderungen
- Erfahrungswerte aus anderen Einsatzbereichen nutzen

5.3 Fazit

Der Einsatz von AR auf Fachmessen kann langfristig nicht nur als punktueller Service Nutzen bringen, der ein einzelnes Bedürfnis befriedigt. Er kann auch als digitale, strategische Erweiterung des physischen Live-Formats Fachmesse betrachtet werden.

AR bietet sich für Fachmessen aus folgenden Gründen an:

- Während bei anderen Digitaltechnologien die Nutzer vollständig in der virtuellen Welt verschwinden, verbindet AR die virtuelle und die physische Welt. Dadurch stärkt sie die Alleinstellungsmerkmale und die Wesensmerkmale des Mediums Fachmesse, die auf der physischen, direkten Interaktion beruhen. AR hat damit im Vergleich mit anderen Digitaltechnologien eine sehr hohe Passfähigkeit zum Medium Fachmesse.

- AR kann den Bedürfnissen der „Digital Natives“ entsprechen und wird von diesen auch zunehmend erwartet. Dadurch kann die Reichweite von Fachmessen erhöht werden.
- Als operativer Service kann AR einen Mehrwert für die Kontaktoptimierung, den Informationstransfer, die Marktpflege und -entwicklung, die Transparenzförderung, die Besuchseffizienz und den Positionierungsauftrag des Veranstalters erzeugen. Dafür bietet AR zahlreiche Nutzenversprechen, wie z.B. die kontextbezogene Platzierung von Informationen, Visualisierung von komplexen Informationsgebilden und Interaktionsmöglichkeiten.
- Durch die Schaffung von sensorischen Erlebnissen kann AR das Involvement der Besucher erhöhen und zu den positiven Folgeeffekten (z.B. Weiterempfehlungsabsicht) beitragen.
- AR kann auch mit einem Geschäftsmodell hinterlegt werden, sodass über AR-Services Umsätze generiert werden können.
- Mit AR ist es möglich, Verhaltensmuster von Besuchern zu analysieren.

Bei der Bewertung ist zu beachten, dass der Einsatz von AR auch Grenzen und Schwächen hat:

- Es besteht eine niedrige Technologiereife, auch bei Begleittechnologien (z.B. Indoor-Lokalisierung).
- Beim Einsatz von AR gibt es aufgrund der geringen Verbreitung vergleichsweise wenige Erfahrungswerte, was zusätzlich zu hohen Beschaffungs- bzw. Herstellungskosten führt.
- Die Akzeptanzschwierigkeiten aufgrund von Bedenken bei der Datensicherheit und der Transparenz durch die Nutzung müssen berücksichtigt werden.
- Es könnte zu Zielkonflikten bei Fachmessebesuchern kommen: AR könnte zwar die Besuchseffizienz steigern, aber wertvolle Zufälle und ggfls. auch physische Erlebnisse verhindern.

Abschließend ist noch zu betonen, dass der Technologiereifegrad der AR-Brille als wesentlicher Einflussfaktor für die Verbreitung und die Zukunft von AR gilt. Für Messeveranstalter könnte es sinnvoll sein, die Teilnehmer an AR zu gewöhnen, sodass sie die Vorteile der AR-Brille umgehend nutzen können, sobald sie für den Massenmarkt in einem attraktiven Preis-Leistungs-Verhältnis verfügbar ist.

Quellenverzeichnis

AUMA e.V. (2015): Verhalten und Struktur der Fachbesucher auf deutschen Messen. Se-kundäranalyse repräsentativer Besucherbefragungen. 1. Aufl. Unter Mitarbeit von Hendrik Hochheim und Peter Neven. Hg. v. AUMA e.V. Institut der Deutschen Messewirtschaft. Ber-lin (AUMA_Edition, 41). Online verfügbar unter http://www.auma.de/de/DownloadsPublikationen/PublicationDownloads/Verhalten-Struktur-Fachbesucher-auf-deutschen-Messen.pdf, zuletzt geprüft am 04.04.2017.

AUMA e.V. (2016): AUMA_MesseTrend. 1. Aufl. Unter Mitarbeit von Hendrik Hochheim und Peter Neven. Hg. v. AUMA e.V. Institut der Deutschen Messewirtschaft. Berlin (AU-MA_MesseTrend, 44). Online verfügbar unter http://www.auma.de/de/DownloadsPublikationen/PublicationDownloads/AUMA_MesseTrend2016.pdf, zuletzt geprüft am 04.04.2017.

Azuma, Ronald T. (1997): A Survey of Augmented Reality. In: Presence: Teleoperators and Virtual Environments 6 (4), S. 355–385. DOI: 10.1162/pres.1997.6.4.355.

Azuma, Ronald T. (2016): The Most Important Challenge Facing Augmented Reality. In: Presence: Teleoperators and Virtual Environments (Vol. 25, No. 3), S. 234–238.

Broll, Wolfgang (2013): Augmentierte Realität. In: Ralf Dörner, Wolfgang Broll, Paul Grimm und Bernhard Jung (Hg.): Virtual und Augmented Reality (VR/AR). Grundlagen und Methoden der Virtuellen und Augmentierten Realität. Berlin: Springer Vieweg (eXa-men.press).

Craig, Alan B. (2013): Understanding Augmented Reality. Concepts and Applications. Am-sterdam: Elsevier/Morgan Kaufmann.

Meffert, Heribert (2003): Ziele und Nutzen des Messebeteiligung von ausstellenden Unternehmen und Besuchern. In: Manfred Kirchgeorg, Werner M. Dornscheidt, Wilhelm Giese und Norbert Stoeck (Hg.): Handbuch Messemanagement. Planung, Durchführung und Kontrolle von Messen, Kongressen und Events. 1. Aufl. Wiesbaden: Gabler, S. 1145–1161.

Mehler-Bicher, Anett; Steiger, Lothar (2014): Augmented reality. Theorie und Praxis. 2., überarbeitete Auflage. München: de Gruyter Oldenbourg.

Milgram, Paul; Takemura, Haruo; Utsumi, Akira; Kishino, Fumio (1995): Augmented reality: a class of displays on the reality-virtuality continuum. In: Hari Das (Hg.): Photonics for Industrial Applications. Boston, MA, Monday 31 October 1994: SPIE (SPIE Proceedings), S. 282–292.

Peters, Michael (1992): Dienstleistungsmarketing in der Praxis. Am Beispiel eines Messe-unternehmens. Wiesbaden, s.l.: Deutscher Universitätsverlag.11

Schart, Dirk; Tschanz, Nathaly (2015): Praxishandbuch Augmented Reality. Für Marketing, Medien und Public Relations. Konstanz, München: UVK-Verlagsgesellschaft.

Strothmann, Karl-Heinz (Hg.) (1992): Handbuch Messemarketing. Wiesbaden: Gabler.

SUCHMASCHINENWERBUNG UND TEILNEHMERAKQUISE

Lydia Vierheilig

„Mit uns erreichen Sie die richtigen Menschen im richtigen Moment."[4]

So preist Google sein Online-Werbeprogramm Google Ads an. Dieses Werbeversprechen ist der Traum eines jeden Werbetreibenden. Suchmaschinenwerbung kann für kleine und mittelständische Unternehmen einen effizienten Weg darstellen, neue Kundenschichten zu erreichen. Gerade für die MICE-Branche bietet dies neue Möglichkeiten Ihre Dienstleistungen zu vermarkten. In dem Workshop „Suchmaschinenwerbung und Teilnehmerakquise" soll, der Fokus auf der Gewinnung neuer Teilnehmer für z.B. Kongresse und Foren liegen. Ziel ist es, mein Wissen, welches ich in meiner Bachelorarbeit erworben habe mit den Teilnehmern zu teilen und diesen einen Einblick in die Welt der Suchmaschinenwerbung zu geben.

Damit alle Teilnehmer auf dem gleichen Stand sind, wird als erstes kurz definiert, was man unter Suchmaschinenwerbung versteht. Danach wird am Beispiel von Google Ads kurz erklärt, wie Suchmaschinenwerbung funktioniert. Welche Punkte man für eine erfolgreiche Kampagne für die Teilnehmerakquise beachten sollte, wird im letzten Teil gemeinsam erarbeitet.

Was ist Suchmaschinenwerbung?

Suchmaschinenwerbung hat viele Namen. Sie wird u.a. auch als Paid Listings, Sponsored Links, Pay-per-Click Advertising oder Keyword Advertising bezeichnet. Man versteht darunter das Schalten von Anzeigen in Suchmaschinen, die pro Klick abgerechnet werden.[5] Sucht man beispielsweise nach „Deutschlandtrikot" in einer Suchmaschine werden auf den ersten Plätzen der Suchergebnisse i.d.R. Anzeigen für den Kauf eines Deutschlandtrikots ausgeliefert. Diese Anzeigen können unterschiedlich aussehen, z.B. als reiner Text oder erweitert um Bilder.

Zwei der größten Anbieter für Suchmaschinenwerbung sind „Bing Ads" und „Google Ads" (Früher Google AdWords). Mit 90 % Marktanteil ist Google die

4 Google AdWords (2017), o. S.
5 Vgl. Pelzer, Sommeregger, Linnenbrink (2015), S. 52; Kreutzer, Rumler und Wille-Baumkauff (2015); S. 83.

am meisten genutzte Suchmaschine im deutschsprachigen Raum.[6] Aus diesem Grund spezialisiert sich dieser Workshop auch auf das Programm Google Ads.

Wie funktioniert Google Ads?

Mehr als 2 Billionen Suchanfragen gehen schätzungsweise pro Jahr weltweit bei Google ein.[7] Bei dieser immensen Anzahl stellt sich die Frage, wie Google es schafft, die Werbeanzeigen der richtigen Zielgruppe im richtigen Moment anzuzeigen.

Relevant für die Auslieferung der Anzeigen sind bei Google in erster Linie die drei folgenden Größen: *Keywords*, *Gebotspreis* und der *Qualitätsfaktor*.

Keywords sind Schlüsselbegriffe und maßgeblich für den Erfolg einer Kampagne. Werbetreibende versuchen damit die Begriffe, nach denen potenzielle Kunden auf Suchmaschinenseiten suchen, abzubilden. Sie können aus einzelnen Wörtern, aber auch Wortgruppen bestehen. Umso spezifischer die Keywords sind, desto zielgerichteter können die Werbeanzeigen ausgebracht werden.[8] Ein Beispiel für ein Keyword für eine Verkaufskampagne von WM-Trikots wäre beispielsweise „Deutschlandtrikot".

Neben den Keywords hat auch der Preis, den ein Werbetreibender bereit ist zu zahlen, Auswirkungen darauf, wie häufig eine Anzeige geschaltet wird. Der *Gebotspreis* lässt sich unter Beachtung des Mindestgebots grundsätzlich frei wählen. Die Positionierung einer Anzeige auf der Ergebnissuchseite wird bei Google Ads über eine Auktion gesteuert: Mit Hilfe des maximalen Klickpreises, den der Werbetreibende vorab für ein Keyword festgelegt hat, und einem von Google mittels Algorithmus ermittelten *Qualitätsfaktor* wird in Sekundenbruchteilen errechnet, welche Platzierung eine Anzeige erhält und wie viel der Werbetreibende für den Klick zahlen muss.[9] Der Qualitätsfaktor beschreibt hierbei die Relevanz, die Google in Bezug auf Anzeigentexte und Suchanfrage dem Keyword beimisst.[10]

6 Vgl. Aufgesang (2017), o. S.
7 Vgl. Seybold (2017), o.S.
8 Vgl. AdWords-Hilfe (2017e), o. S.; Pelzer, Sommeregger, Linnenbrink (2015), S. 82f und S. 267.
9 Vgl. Pelzer, Sommeregger, Linnenbrink (2015), S. 60; Lammenett (2015), 127.
10 Vgl. Beck (2011), S. 121.

Aufgrund des Auktionsmodells hängt der endgültige Preis, der für einen Klick bezahlt werden muss, von der Branche und der Konkurrenz ab. So kostete laut dem Magazin t3n 2016 das teuerste Keyword „Outplacement" in Deutschland pro Klick 57,53 EUR.[11] Im Gegensatz dazu muss beispielsweise für einen Klick beim Keyword „Kinderferien Eifel 2011" nur 0,15 EUR gezahlt werden.[12] Wie meine Bachelorarbeit gezeigt hat, behält Google es sich vor, Anzeigen nicht auszuliefern, wenn der Qualitätsfaktor zu schlecht oder der Gebotspreis zu niedrig ist. Aus diesem Grund sollten die Werte im Laufe einer Kampagne immer wieder überprüft und ggf. das Gebot erhöht oder Maßnahmen eingeleitet werden, um den Qualitätsfaktor zu verbessern.

Wie erstelle ich eine Kampagne in Google Ads?

Ziel des Workshops ist es u.a. gemeinsam mit den Teilnehmern eine fiktive Kampagne anhand der Summer University zu entwerfen. Hierzu ist es wichtig zu verstehen, wie das Tool aufgebaut ist.

Insgesamt lässt sich Google Ads grundsätzlich in drei Ebenen gliedern: *Google Ads-Konto*, *Kampagnen* und *Anzeigengruppen*. Das *Google Ads-Konto* stellt die erste Ebene in Google Ads dar. In der Regel besitzt ein Unternehmen nur ein Google Ads-Konto, über welches es alle *Kampagnen* koordiniert.[13] Auf der zweiten Ebene befinden sich die Kampagnen, welche jeweils aus mindestens einer Anzeigengruppe bestehen. Es können mehrere Kampagnen gleichzeitig aktiv sein.[14] Dies ermöglicht es Kongressveranstaltern, mehrere Veranstaltungen parallel zu bewerben und trotzdem den Überblick zu behalten.

Kampagnen dienen zur Steuerung technischer Grundeinstellungen für die darunterliegenden Anzeigengruppen. Diese Grundeinstellungen beziehen sich auf den Kampagnentyp, das Budget, die Sprache und den Standort. Beim Kampagnentyp wird zwischen Suchnetzwerk, Displaynetzwerk, Suchnetzwerk mit Displayauswahl, Shopping und Online-Video unterschieden. Die Schaltung von Anzeigen in einer Suchnetzwerk-Kampagne erfolgt hauptsächlich auf

---

11 Vgl. Floemer (2016), o. S.
12 Vgl. Lammenett (2015), 127.
13 Vgl Beck (2011), S. 81.
14 Vgl. Pelzer, Sommeregger, Linnenbrink (2015), S. 82.

Google-Suchergebnisseiten und internen und externen Google Partnerseiten.[15] Innerhalb von Displaynetzwerk-Kampagnen hingegen werden die Anzeigen auf einer Vielzahl von Webseiten geschalten wie Foren, Blogs, und Nachrichtenportalen.[16] Die Kampagnenvariante Suchnetzwerk mit Displayauswahl stellt eine Kombination aus den beiden zuvor erläuterten Typen dar und wird im Hinblick auf die Reichweite von Google standardmäßig als die beste Möglichkeit vorgeschlagen. Da sich die beiden Varianten jedoch in ihrer Kampagnenausrichtung und Zielgruppenansprache in den Anzeigentexten stark voneinander unterscheiden, empfehlen Pelzer, Sommeregger und Linnenbrink, zwei unterschiedliche Kampagnen zu erstellen.[17] Die Option Shopping erlaubt es, Anzeigen mit Produktinformationen zu erstellen, die in einem separaten Bereich auf der Suchergebnisseite erscheinen. Videoanzeigen in online gestreamten Videos können mit Hilfe des Kampagnentyps Online-Videos gesteuert werden.[18]

Die dritte Ebene bilden die *Anzeigengruppen*. Die Anzahl von Anzeigengruppen, die einer Kampagne zugeordnet sind kann sehr unterschiedlich sein. Anzeigengruppen setzen sich aus thematisch zusammenpassenden Keywords und den dazu passenden, individuellen Anzeigentexten zusammen. Sie bieten somit durch die Zuordnung zu einzelnen Anzeigengruppen beispielsweise die Möglichkeit, einzelne Produkte mit unterschiedlichen, maßgeschneiderten Anzeigentexten zu bewerben. Auf dieser Ebene ist es möglich, das maximale Klickpreisangebot für alle Keywords der jeweiligen Anzeigengruppe zu bestimmen.[19]

15 Vgl. AdWords-Hilfe (2017o), o. S.; Pelzer, Sommeregger, Linnenbrink (2015), S. 213; Greifeneder (2010), S. 120; Wenz und Hauser (2015), S. 44.
16 Vgl. Pelzer, Sommeregger, Linnenbrink (2015), S. 774.
17 Vgl. Pelzer, Sommeregger, Linnenbrink (2015), S. 216.
18 Vgl. AdWords-Hilfe (2017v), o. S.; Vgl. AdWords-Hilfe (2017a), o. S.; Pelzer, Sommeregger, Linnenbrink (2015), S. 82f.
19 Vgl. AdWords-Hilfe (2017a), o.S.; Pelzer, Sommeregger, Linnenbrink (2015), S. 82f; Biermann (2004), S. 11.

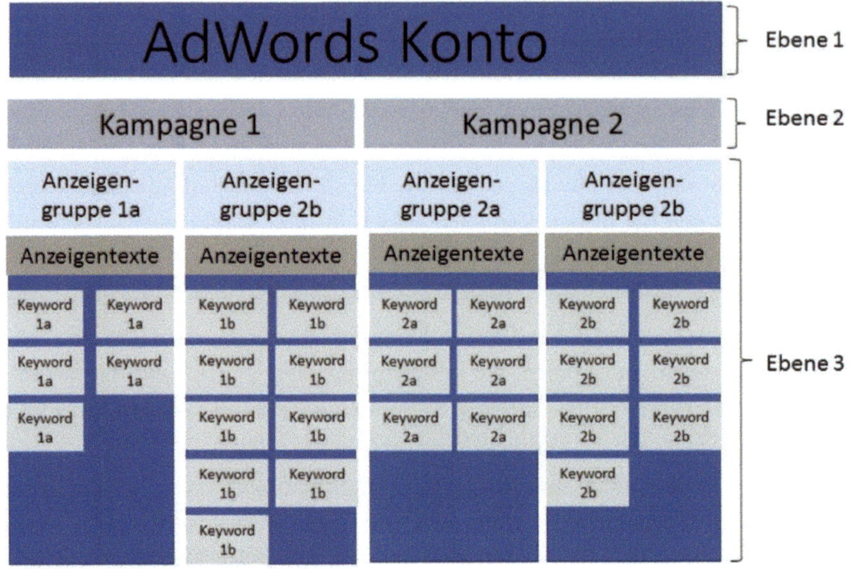

Neben den Keywords sind auch die einzelnen Anzeigen bzw. Anzeigentexte Anzeigengruppen zugeordnet. Pro Anzeigengruppe wird mindestens eine Anzeige benötigt. Die Anzeigen bestehen standardmäßig aus einer Überschrift, der URL, und einer Beschreibung des Produktes oder der Dienstleistung. Die Überschrift teilt sich auf zwei Zeilen mit jeweils 30 Zeichen auf, die miteinander durch einen Bindestrich verbunden sind. Die angezeigte URL besteht in der Regel aus der Domain der Zielseite und zwei optionalen Pfadfeldern, in denen man dem Nutzer vermitteln kann, welcher Inhalt sich auf der Zielseite befindet. Für die Beschreibung des Produktes stehen dem Werbetreibenden 80 Zeichen zur Verfügung.[20]

Eine Übersicht über die Felder, die für die Erstellung einer Anzeige notwendig sind und über die Zeichenbeschränkung, findet sich in Abbildung 2. Diese zeigt auf der linken Seite die Benutzermaske von AdWords für die Erstellung der Anzeige und rechts die Vorschau der Anzeige.

20 Vgl. AdWords-Hilfe (2017u), o. S.; Thomas und Langner (2010), S. 96f; Beck (2011), S.38.

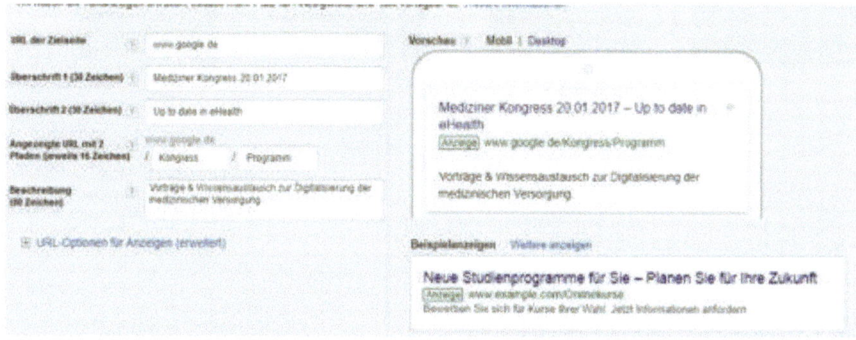

(basierend auf Google AdWords)

Für eine erfolgreiche Umsetzung einer Kampagne im Suchnetzwerk sollte möglichst strukturiert vorgegangen werden. Orientierung kann hierbei der Planungsprozess von Bischkopnick und Ceyp für Suchmaschinenmarketing liefern.

Zu Beginn des Planungsprozesses steht die Ziel- und Zielgruppenfestlegung. Auf Basis dieser Vorüberlegungen sollen dann die strategischen Entscheidungen gefällt werden. Erst, wenn das zur Verfügung stehende Budget, die Ressourcen sowie das Wettbewerbsverhalten und alle wichtigen strategischen Punkte in Bezug auf die Kampagnenerstellung definiert sind, kann mit der operativen Durchführung begonnen werden. An erster Stelle steht hierbei die Erstellung eines geeigneten Keyword-Sets, anhand dessen dann die Anzeigentexte entworfen werden können. Auf Grundlage der Vorarbeit kann anschließend die Kampagne in Google Ads erstellt werden. Wie in allen betriebswirtschaftlichen Prozessen folgt zum Schluss das Controlling. Neben der Erfolgskontrolle steht hierbei, gerade zu Beginn der Kampagne, die Optimierung der selbigen im Vordergrund.[21]

21 Vgl. Bischopinck und Ceyp (2007), S. 98ff; Ringl et al. (2014), S. 624.

Planungsprozess Google Ads-Kampagne
(eigene Darstellung, angelehnt an Bischopinck und Ceyp (2007), S. 98ff)

Wie der aufgezeigte Prozess in der Praxis aussehen kann, wird versucht im Workshop anhand der fiktiven Kampagne für die Summer University in stark vereinfachter Form aufzuzeigen. Hierfür setzen sich die Teilnehmer als erstes mit der Frage auseinander, was mit der Kampagne erreicht und wer damit angesprochen werden soll.

Relativ schnell ist klar, dass es das primäre Ziel ist Teilnehmer für die Veranstaltung zu generieren. Hierbei sollen vor allem Alumni des Studiengangs Messe-, Kongress- und Eventmanagement und unterschiedlichste Akteure der MICE-Branche angesprochen werden, die aus Deutschland, Österreich oder der Schweiz kommen und Deutsch sprechen.

Im nächsten Schritt beschäftigen sich die Teilnehmer mit den strategischen Entscheidungen. Auf Basis der kurzen Einführung wird u.a. gemeinsam diskutiert, wie viel Budget für eine Veranstaltung in dieser Größe sinnvoll ist, welcher Kampagnentyp geeignet wäre und auf welchen Geräten die Zielgruppe am ehesten erreichbar ist.

Es wird entschieden, mit einer Suchnetzwerk-Kampagne und einem Tagesbudget von 3,- € zu starten und vorerst keine Endgeräte für die Kampagne auszuschließen.

Aufgrund der beschränkten Zeit, geht es danach direkt weiter mit einem kurzen Keyword-Brainstorming. Die Teilnehmer fragen sich hierfür, nach welchen Suchbegriffen die Zielgruppe im Internet sucht, die sie für ihre Veranstaltung gewinnen möchte und bei welchen Begriffen sie die Werbeanzeige anklicken würde. Vorschläge für Keywords sind: Summer University Ravensburg, Almunitreffen Ravensburg, Virtual Reality Event, Augmented Reality Messe, digitale Transformation, Fortbildung Eventmanagement und Kongress Eventmanagement.

Wichtig für eine erfolgreiche Kampagne ist es, nachdem man Keywords gesammelt hat, diese nochmals auf Ihre Eignung zu prüfen. Eine der einfachsten Methoden herauszufinden, ob ein Keyword tatsächlich geeignet ist, ist es dieses selbst in die Suchmaschine einzugeben und die ersten Suchergebnisse zu betrachten. Erscheint hierbei beispielsweise die eigene Homepage bereits an erster Stelle ohne, dass hierfür eine Anzeige geschaltet wird, stellt sich die Frage wie notwendig es ist diesen Begriff als Keyword zu hinterlegen. Ein schönes Beispiel hierfür ist das Keyword Summer University Ravensburg. Sucht man danach erscheint als erster Suchtreffer das PDF mit dem Programm der Summer University Ravensburg. Eine Anzeige hierzu würde vermutlich zwar einen sehr guten Qualitätsfaktor erhalten und sehr häufig geklickt werden, der Suchende würde mit großer Sicherheit aber auch ohne Suchmaschinenwerbung auf die Veranstaltungsseite gelangen. Anders verhält es sich bei dem Keyword Alumnitreffen Ravensburg. Gibt man dies in Google ein, wird einem schnell bewusst, dass es nicht nur das Alumnitreffen des Studiengangs Messe-, Kongress-, Eventmanagement gibt, sondern auch andere Studiengänge Treffen anbieten. Hier ließe sich z.B. darüber nachdenken, dass Keyword zu spezifizieren, indem man es durch den Zusatz „MKE" ergänzt. Bei Keywords wie Eventmanagement Fortbildung wird einem beim Googlen vermutlich als erstes die große Anzahl an Anzeigen auffallen, die im Hinblick auf die eigene Kampagne als Konkurrenz zu werten ist. Dies kann zu höheren Klickpreisen der Anzeigen führen. Nähere Auskunft über den Wettbewerb kann vorab u.a. der sog. Keyword-Planer liefern. Mit seiner Hilfe lässt sich die Anzahl der Werbetreibenden, die Gebote für das jeweilige Keyword abgeben, im Verhältnis zu allen Keywords bei Google ermitteln.

Zusammenfassend lässt sich festhalten, dass gerade bei einem kleinen Budget, sich durch die Überprüfung der Keywords schon vor Beginn der Kampagne einfach und schnell Einsparpotenzial realisieren lassen.

Nach der Überprüfung der Keywords ist eine geeignete Kategorisierung der Keywords erfolgsentscheidend. Nur bei einer exakten thematischen

Zusammenfassung der einzelnen Keywords ist es möglich, dass die Suchanfragen des Users individuell und zutreffend beantwortet werden.[22] Anhaltspunkte für die Gruppierung können hierbei z.B. die eigene Webseite und ihre Unterseiten darstellen. Neben spezifizierten Anzeigentexten ist ein weiteres Ziel, auch die Landingpage optimal auf die Erwartungen des Kunden abzustimmen.[23] Für die fiktive Kampagne der Summer University würde es sich beispielsweise anbieten die beiden Keywords Virtual Reality Event und Augmented Reality Messe einer gemeinsamen Anzeigengruppe zuzuordnen, da es sich hierbei um ähnliche inhaltliche Themen handelt und man die Anzeige direkt auf das Programm verlinken könnte. Auch die beiden Keywords Fortbildung Eventmanagment und Kongress Eventmanagement ließen sich einer gemeinsamen Gruppe zuordnen. Hierbei könnte die Landingpage die Veranstaltungsübersichtsseite sein.

Neben einem durchdachten Targeting spielen auch die Anzeigentexte eine wichtige Rolle für den Erfolg der Kampagne. Allgemein ist bei dem Verfassen der Anzeigentexte zu beachten, dass der Inhalt der Anzeige zur Suchanfrage des Users und zu den Angeboten der Landingpage passen muss, um möglichst geringe Absprungraten zu erhalten. Eine erfolgreiche Anzeige enthält die Information, die der User erfragt. Weiterhin sollten durch die Formulierung von Ausschlusskriterien schon vor dem Klick alle Informationen herausgefiltert werden, die nicht der Zielgruppe entsprechen.[24] Grundsätzlich ist bei der Erstellung von Anzeigen Kreativität gefragt, denn es ist notwendig die Aufmerksamkeit des Users innerhalb weniger Sekunden zu erlangen und ihn zum Klicken zu bewegen. In meiner Bachelorarbeit hat sich gezeigt, dass sog. Call-to-Actions, wie „Hören Sie mehr zu..." oder „Jetzt anmelden" sich hierfür gut eignen. Weiterhin sollte aus dem Anzeigentext auf jeden Fall hervorgehen, dass es sich um eine Veranstaltung handelt.

Ein möglicher Anzeigentext für die Summer University Kampagne wäre z.B. Up-to-date in VR I Summer University Ravensburg, Erfahren Sie mehr zu Augmented Reality & Virtual Reality in der Live-Kommunikation!

22 Vgl. Beck (2011), S. 147.
23 Vgl. AdWords-Hilfe (2017r), o. S.; Beck (2011), S. 148f.
24 Vgl. Beck (2011), S. 152; Ringl et al. (2014), S. 612.

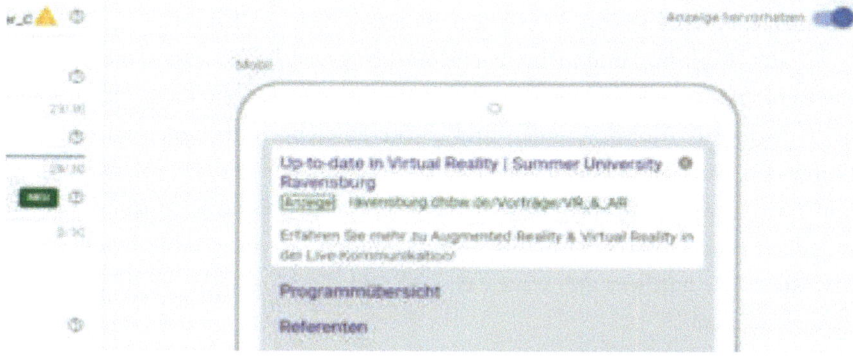

Um die Anzeigentexte noch besser auf die Suchanfrage abzustimmen, kann man auch mit sog. Platzhaltern arbeiten. An der Stelle des Paltzhalters in der Anzeige setzt Google dann genau das Keyword ein, zu dem die Anzeige ausgespielt wurde. Beispielsweise könnte man nach dem „Up-to-date" einen Platzhalter einsetzten. Je nachdem, ob der User dann nach „Virtual Reality" oder „Augmented Reality" sucht, würde dann das entsprechende Keyword in der Anzeige angezeigt. Bei der Nutzung von Platzhaltern muss der Anzeigentext so formuliert sein, dass alle Keywords, die in der zugeordneten Anzeigengruppe sind, an der Stelle des Platzhalters einen Sinn ergeben.

Nach der Erstellung des Keyword-Sets und der Anzeigen, kann nun die Kampagne live geschaltet werden. Nun folgt der letzte, aber gerade bei neu aufgesetzten Kampagnen auch der aufwendigste Schritt: die Überwachung und das Controlling der Kampagne. Es empfiehlt sich in den ersten Tagen, täglich die Zahlen der Kampagne zu betrachten. Die Anzahl der Klicks, der Impressionen, die Absprungraten, die Klickpreise und der Qualitätsfaktor zeigen einem schnell an, an welcher Stelle der Kampagne nachgebessert werden muss. Um das Keyword-Sets zu optimieren hat sich in meiner Bachelorarbeit vor allem der Suchbegriffbericht als besonders hilfreich erwiesen. Er zeigt an, welche Suchbegriffe tatsächlich in die Suchmaschine eingegeben wurden und welches Keyword hierbei die Anzeigenschaltung ausgelöst hat. Hierdurch lassen sich Keywords weiter spezifizieren, neue Keywords finden, aber evtl. auch negative Keywords definieren, sprich Suchbegriffe, zu denen die Anzeigen nicht ausgespielt werden sollen.

Wie der Workshop und meine Bachelorarbeit gezeigt haben, ist es möglich mit ein wenig Anleitung und unter zur Hilfenahme von Fachliteratur, sich schnell bei Google Ads zurechtzufinden und eigene einfache Kampagnen zu schalten. Durch den ständigen Wandel von Google Ads können bei Fragen vor allem Blogs und Foren weiterhelfen. Für eine perfekte und erfolgreiche Kampagne braucht es jedoch nicht nur theoretisches Wissen, sondern in erster Linie Erfahrung – und die erhält nur, wer sich traut das Tool und die Möglichkeiten, die es bietet auszuprobieren!

Literaturverzeichnis

AdWords-Hilfe (2017a): Kampagne: Definition. Online verfügbar unter https://support.google.com/adwords/answer/6304?hl=de, zuletzt geprüft am 17.05.2017.

AdWords-Hilfe (2017e): Anzeigengruppen - Definition. Online verfügbar unter https://support.google.com/adwords/answer/6298, zuletzt geprüft am 17.05.2017.

AdWords-Hilfe (2017u): Textanzeigen. Online verfügbar unter https://support.google.com/adwords/answer/1704389?hl=de, zuletzt geprüft am 18.05.2017.

AdWords-Hilfe (2017v): Videoanzeigen in der Anzeigengalerie. Online Verfügbar unter https://support.google.com/adwords/answer/2375465?hl=de, zuletzt geprüft am 10.07.2017.

Aufgesang (2017): Was ist Suchmaschinenmarketing (SEM)? Online verfügbar unter http://www.sem-deutschland.de/inbound-marketing-agentur/online-marketing-glossar/suchmaschinenmarketing/, zuletzt geprüft am 12.05.2017.

Beck, Alexander (2011): Google AdWords. 3., überarb. und stark erw. Auflage. Heidelberg, München, Landsberg, Frechen, Hamburg: mitp.

Biermann, Robert (2004): Direktmarketing in Echtzeit: richtig werben mit Google AdWords & Co, Göttingen: Business Village.

Bischopnick, Yvonne; Ceyp, Michael (2007): Suchmaschinen-Marketing. Konzepte, Umsetzung und Controlling für SEO und SEM. Heidelberg: Springer. Online verfügbar unter http://search.ebscohost.com/login.aspx?direct=true&scope=site&db=nlebk&db=nlabk&AN=261950.

Bruhn, Manfred; Esch, Franz-Rudolf; Langner, Tobias (2009): Handbuch Kommunikation. Grundlagen — Innovative Ansätze — Praktische Umsetzungen. Wiesbaden: Gabler / GWV Fachverlage. Online verfügbar unter http://dx.doi.org/10.1007/978-3-8349-8078-6.

Floemer, Andreas (2016): Google Adwords: Das sind die 50 teuersten Keywords in Deutschland. Online verfügbar unter http://t3n.de/news/

top-50-teuerste-adwords-in-deutschland-2016-713588/, zuletzt geprüft am 10.07.2017.

Google AdWords (2017): Auf Google werben. Online verfügbar unter https://adwords.google.com/intl/de_de/home/, zuletzt geprüft am 10.07.2017.7

Greifeneder, Horst (2010): Erfolgreiches Suchmaschinen-Marketing. Wie Sie bei Google, Yahoo, MSN & Co. ganz nach oben kommen. 2. Auflage. Wiesbaden: Gabler / GWV. Online verfügbar unter http://dx.doi.org/10.1007/978-3-8349-8820-1, zuletzt geprüft am 10.07.2017.

Kilian, Thomas; Langner, Sascha (2010): Online-Kommunikation. Kunden zielsicher verführen und beeinflussen. Wiesbaden: Gabler.

Kreutzer, Ralf T.; Rumler, Andrea; Wille-Baumkauff, Benjamin (2015): B2B-Online-Marketing und Social Media. Ein Praxisleitfaden. Wiesbaden: Springer Gabler.

Lammenett, Erwin (2015): Praxiswissen Online-Marketing. Affiliate- und E-Mail-Marketing, Suchmaschinenmarketing, Online-Werbung, Social Media, Online-PR. 5., überarb. und aktualisierte Aufl. Wiesbaden: Springer Gabler.

Pelzer, Guido; Sommeregger, Thomas; Linnenbrink, Ricarda (2015): Google AdWords Das umfassende Handbuch. Bonn: Rheinwerk Verlag.

Ringl, Tim et al. (2014): Einführung in die Funktionsprinzipien und Praxis der Suchmaschinenwerbung. In: Holland, Heinrich (Hrsg.): Digitales Dialogmarketing. Grundlagen, Strategien, Instrumente. Wiesbaden: Springer Gabler.

Seybold, Ralf (20107): Wichtige Google Fakten, die Sie für Suchmaschinenoptimierung (SEO) wissen müssen. Verfügbar unter https://seybold.de/11-google-fakten-2017/#gref, zuletzt geprüft am 06.10.2018.

Wenz, Christian; Hauser, Tobias (2015): Websites optimieren - Das Handbuch. 2. Aufl. 2015. Wiesbaden: Springer.

AGENTUR 4.0

EINE (WAHRE) GESCHICHTE ÜBER DIE WAHRSCHEINLICH MODERNSTE AGENTUR DEUTSCHLANDS

Christian Münch

Intro

Der erste Kommentar, den ich bei meinen Vorträgen zu hören bekomme lautet nicht selten „Ganz schön arrogant!“. Doch mit Arroganz hat der Titel meines Vortrags rein gar nichts zu tun. Schon eher soll der Titel provozieren, zur Teilnahme, zum Zuhören und im Idealfall vielleicht sogar zum Nachahmen anregen. Weil ich der festen Überzeugung bin, dass wir uns über kurz oder lange alle der Digitalisierung stellen müssen, zumindest wenn wir als Unternehmen langfristig erfolgreich sein wollen.

Wir bei planworx haben die notwenigen Veränderungen zunächst nicht ganz freiwillig in Angriff genommen. Stand heute können wir allerdings behaupten, dass die Digitalisierung der Agentur – Codename PX 4.0 – sicherlich einen Meilenstein unserer Geschichte darstellt und nachhaltig dazu beigetragen hat, dass wir unser 30-jähriges Jubiläum im letzten Jahr nicht nur erleben, sondern auch voller Stolz feiern durften.

Aber alles der Reihe nach.

Die PX-Geschichte

Die planworx GmbH wurde von meinem Geschäftspartner Chris Boehm-Tettelbach am 21.12.1987 gegründet. Ursprünglich als Reisebüro konzipiert, verlagerte sich der Schwerpunkt des Unternehmens schnell in Richtung Firmenkundengeschäft und die Organisation von größeren Gruppenreisen.

Nach dem Verkauf der Reisebürosparte stieg ich im Januar 2000 in die Agentur ein und wir konzentrierten uns voll auf das Eventgeschäft. Der Zeitpunkt war günstig, unsere Kunden sehr willig und das Wachstum der Agentur schnell auch anhand von Umsatz und Mitarbeiterzahlen ablesbar. Waren wir zum Start noch zu dritt, waren es Ende 2002 schon 6 Mitarbeiter und 2005 durchbrachen wir schon die von uns ursprünglich gesetzte Maximalgröße von 10 Mitarbeitern.

Dementsprechend platzten unsere Agenturräume als allen Nähten und wir waren zum ersten Mal gezwungen, uns nach neuen Büroflächen umzusehen. Mit dem Umzug in die Räumlichkeiten auf der Münchner Praterinsel fanden wir dann 2005 nicht nur eine neue Heimat, sondern gleich auch ein neues, zusätzliches Betätigungsfeld: Für den Eigentümer, die Patrizia AG, übernahmen wir fortan auch die Verwaltung der zahlreich vorhandenen Eventflächen.

Und das Wachstum war nicht aufzuhalten. Rahmenverträge mit Unternehmen wie Intel, Microsoft oder der BSH bescherten uns schon bald einen Platz in den Top 10 der deutschen Eventagenturen und sorgten automatisch für große Bekanntheit innerhalb der Branche.

Im Jahre 2013, mit mittlerweile 40 und mehr Arbeitnehmern „auf der Payroll" konnten wir auch der Verlockung der deutschen Automobilindustrie, gegen die wir uns lange gewehrt hatten, nicht mehr widerstehen und übernahmen erste Aufträge für BMW.

Als wir Anfang des Jahres 2014 vom Deutschen Institut für Servicequalität zur offiziell „besten Eventagentur in Deutschland" gekürt wurden, glaubten wir endgültig auf dem Zenit angekommen zu sein.

Im folgenden Jahr beschäftigten wir über 60 Mitarbeiter, okkupierten jedes noch so kleine, verfügbare „Räumchen" auf der Praterinsel, durften große Jubiläen für unsere Kunden gestalten, neue Fahrzeuge der Weltpresse vorstellen, Incentives und Konferenzen auf der ganzen Welt veranstalten.

Und irgendwo auf diesem Weg haben wir uns selbst verloren.

Der Auftritt des „Bösewichts"

Es sollte allerdings noch einige Zeit ins Land ziehen, bis wir uns dieser Tatsache vollumfänglich bewusst wurden.

Tatsächlich war es auch ein anderer „Brandherd", der uns die Augen öffnen sollte: Der Mietvertrag für unsere Büroräume auf der Insel, der nach 10 Jahren zu enden drohte, wurde von dem Immobilieneigentümer nur noch um ein Jahr (bis Ende 2016) verlängert, weil Grundstück und Räumlichkeiten versteigert werden sollten.

Zusammen mit einem finanzstarken Catering-Unternehmen stiegen wir in den „Poker" um die Insel ein, mussten uns aber schließlich um mehrere Millionen dem Angebot des heutigen Eigentümers geschlagen geben. Gleich beim ersten Zusammentreffen mit dem neuen Eigentümer im Mai des Jahres 2016 mussten wir dann feststellen, dass seine und unsere Pläne über die Zukunft der Praterinsel sehr, sehr weit auseinandergingen. So weit, dass wir uns in den Folgewochen zu dem Entschluss durchgerungen haben, der Insel Ende des Jahres den Rücken zu kehren.

Mit dieser harten Deadline (31.12.2016) vor Augen nutzen wir den Monat Juni um alles, aber wirklich alles auf den Prüfstand zu stellen. Die Ergebnisse und Erkenntnisse waren ernüchternd: Wir waren schwer geworden, so richtig schwer. Der offensichtlichste Ausdruck dieser Tatsache: unsere Büroräume – stapelweise Akten, zahllose Kartons mit Eventmaterialien und persönlichem Krimskrams versperrten den Blick aufs Wesentliche. Unsere IT-Ausstattung mit schweren, kabelgebunden Desktop-Rechnern, Windows 98 inklusive, war eher museumsreif, als produktiv. Am schwersten zu schaffen machte uns aber das Bewusstwerden unserer „mentalen" Schwere: Ein Großteil unserer Arbeit ging offensichtlich dafür drauf, uns selbst zu verwalten. So fielen mir plötzlich Einträge im Kalender auf, die Titel trugen wie „Vorbereitung für das Vorbereitungsgespräch zum Personalgespräch mit Mitarbeiter XY". Das muss man sich mal auf der Zunge zergehen lassen. Mitarbeiter XY hat in ein paar Tagen ein Personalgespräch. Da wir als GF aus Wertschätzung den Mitarbeitern gegenüber an diesen Gesprächen teilnahmen, aber wenig Einblick in die tägliche Arbeit hatten, trafen wir uns in der Regel mit dem jeweiligen Teamleiter zu einem Vorbereitungsgespräch. So weit, so gut, so professionell. Weil unsere damalige Leitung HR, die auch an diesen Gesprächen teilnahm, uns aber vorab ohne den Teamleiter ihre Einschätzung mitteilen wollte kamen dann solche Termine zustande. Brutales Over-Engineering. Nur ein Beispiel von vielen.

Und weil wir bei unserer schonungslosen Aufklärung feststellen mussten, dass auch die Zahlen nicht mehr stimmten, war eines für uns sonnenklar: So kann und darf es nicht weitergehen.

Tanja, die Wende

Die Wende leitete schließlich meine neue Nachbarin Tanja ein, die bei einem großen Unternehmen in Ingolstadt arbeitet. Weil die Telekom mit ihrem Internet-Anschluss überraschenderweise länger brauchte, als geplant, nutzte sie in den ersten Wochen immer freitags unser WLAN zu Hause, um aus dem Home-Office zu arbeiten. Einen Trend, den wir bis dato als absolut „unseriös" abgelehnt hatten.

Eines solchen Freitags konfrontierte ich Tanja mit meiner Meinung zum Heimarbeitsplatz und befragte sie zu ihren Erfahrungen. Die Antwort überraschte und verblüffte mich zugleich: „Ganz ehrlich arbeite ich freitags vielleicht nicht ganz acht Stunden, sondern vielleicht nur sechs oder sieben. Diese Zeit arbeite ich aber derartig effektiv, dass ich für dieselbe Workload in Ingolstadt zwei oder drei Tage brauchen würde. Weil ich mir zudem die zwei- bis dreistündige Autofahrt erspare, kann ich positiv und entspannt ins Wochenende gehen und Montag wieder voll durchstarten." Wow. Das hat gesessen. Das folgende Wochenende dachte ich noch viel über Tanjas Aussagen nach.

Bei unserem Frühstücks-Meeting am Montag konfrontierte ich meinen Geschäftspartnern Chris sogleich mit meinen Erkenntnissen und offenbar stieß ich damit auch bei ihm ins Schwarze. Denn was folgte war in etwa folgender Dialog: „Wir machen das mit dem Home-Office aber nicht nur Freitag, oder?" – „Nein, ich bin für Vertrauensarbeitszeit 24/7." – „Cool. Ich auch. Dann brauchen wir aber den „latest shit" in Sachen IT-Ausstattung." – „Unbedingt. Und Vertrauensarbeitsort, inkl. flexiblen Arbeitsplätzen in der Agentur." – „Super. Und wir hinterfragen jeden Prozess und verschlanken alles radikal!" – „Längst überfällig. Und wir bringen unseren Mitarbeitern neue Arbeitstechniken bei. Design-Thinking, Scrum, Innovations-Management …" – „Geil. Wir arbeiten ab 2017 so, wie unsere Kunden sich die Zukunft der Arbeit vorstellen. Wir werden die modernste Agentur in Deutschland! Mindestens."

Let's make it happen

Mit weniger als sechs Monaten Zeit bis zum Ablauf der Deadline informierten wir gleich Anfang Juli unser Team über unser Ziel und die Rahmenbedingungen unseres Plans: Wir wollten das Ganze „inside-out" entwickeln. Die Mitarbeiter entscheiden selbst wo, wann, in welchem Umfeld sie wie in Zukunft arbeiten wollen. Dazu baten wir sie, sich einer oder mehrerer der folgenden Arbeitsgruppen anzuschließen.

1. Arbeitsgruppe 1 – „RAUM": Wieviel Fläche brauchen wir? Wie ist die Fläche aufgeteilt? Wie viele Arbeitsplätze wird es geben? Wie sieht ein Arbeitsplatz aus? Wie viele Meetingräume? Schallschutz? Materialien? Whirlpool ja oder nein?
2. Arbeitsgruppe 2 – „TECHNIK": Wie sieht die IT-Infrastruktur aus? Welche Devices bekommen unsere Mitarbeiter? Welche Software? VoIP-Telefonie? Intranet? Zugriff aus dem Home-Office? Datenschutz & Datensicherung? PC oder MAC?
3. Arbeitsgruppe 3 – „MENSCH": Wie gewährleisten wir die MA-Zufriedenheit? Gibt es ein großes Team oder viele kleine? Wie sehen Hierarchien aus? Hybride Teams? Meetingformate?

Ausgestattet mit einer großen Portion Euphorie und Leidenschaft und voller Adrenalin machten wir uns in den folgenden Wochen daran, das Projekt „PX 4.0" mit Inhalten zu füllen.

Der Tag der Wahrheit

Am Montag, den 19.12.2016, war es schließlich soweit. D-Day. Am Freitag, den 16.12.2016, hatten wir den Räumen auf der Praterinsel den Rücken gekehrt und damit auch der gesamten IT, inkl. deren Infrastruktur, der Unmenge an Ordnern, dem Arbeiten auf vier verschiedenen Stockwerken, den Einzelbüros geschützt durch ca. 30 cm dicke Mauern, der Schwere und Nostalgie eines geschichtsträchtigen Ortes.

So fühlten wir uns zwar in Anbetracht des Neustarts etwas nervös, aber zugleich auch so leicht und euphorisch wie Werner Tiki, der Autor von „Simplify your life." Auch wenn die ersten Tage in der neuen Umgebung sehr intensiv, lehrreich und bestimmt auch für den ein oder anderen herausfordernd waren, verlief der Beginn der Ära PX 4.0 doch insgesamt unerwartet smooth und erfolgreich und bereits zu Anfang des Jahres 2017 spiegelten uns Kunden und Presse wider, dass wir auf dem Weg zur (wahrscheinlich) modernsten Agentur in Deutschland alles richtiggemacht haben.

Highlights

Für all diejenigen, die sich nicht bei uns in der Parkstadt Schwabing, aka Silicon Schwabing, selbst ein Bild unserer Neuausrichtung machen wollen, möchte ich gerne die wichtigsten Highlights zusammenfassen:

1. Dimension „Raum": Heute arbeiten alle auf einer einzigen, Loft-artigen Ebene im Norden Münchens mit Ausblick auf die HQs unserer Kunden BMW und Telefónica und atemberaubende Sonnenuntergänge. Wir haben „nur" für ca. 60 % der Mitarbeiter Arbeitsplätze, die alle über die gleiche „Ausstattung" verfügen. Es herrscht, sofern verfügbar, freie Arbeitsplatzwahl (auch für uns Vorstände) und tatsächlich findet das befürchtete „Handtuch auslegen" am frühen Morgen nahezu nicht statt. Die Option „Home-Office" wird sehr häufig gezogen – erstaunlicherweise auch von den ehemals größten Kritikern des Systems. Neben den Arbeitsplätzen („Concentrate") gibt es eine Vielzahl an Meetingräumen unterschiedlicher Größe („Collaborate") und zwei Rückzugsbereiche („Contemplate"). Das Herzstück, unserer eigentliches „Wohnzimmer", bildet unsere Social Area, gerne auch Küche genannt („Communicate"). Hier essen wir nicht nur gemeinsam, sondern zocken gerne auch mal FIFA gegeneinander, verfolgen wichtige Fußballspiele oder feiern gemeinsam viele Anlässe. Wir lieben es, unsere Türen für Kunden und Partner oder für die Öffentlichkeit im Rahmen von Events wie der Munich Creative Business Week zu öffnen. Den zahlreichen Berichterstattungen in Design-Magazinen und

den vielen Besichtigungstouren nach zu urteilen, hat die Gruppe „Raum" vieles richtiggemacht.

2. Dimension „IT": Jeder Mitarbeiter hat heute ein eigenes Device, mit dem er von überall auf der Welt aus an Projekten und mit seinen Kollegen zusammenarbeiten kann. Daneben sorgen modernste Arbeitsgeräte wie Surfacehub oder ein digitales Raumbuchungssystem für eine IT-Ausstattung 4.0. Die gesamte interne Kommunikation läuft über das neue Microsoft Tool „Microsoft Teams" und schon in der Beta-Phase des Produkts wurde unsere Agentur als Testimonial für diese neue Software eingesetzt. Zu 95% arbeiten wir papierlos und digital – nur der Gesetzgeber schiebt den 100% noch einen Riegel vor. Nahezu alle Prozesse sind entweder schon digitalisiert oder werden zumindest regelmäßig auf ihre Digitalisierbarkeit hin überprüft. Die IT-Ausstattung war sicher der größte Invest im Rahmen des Projekts, aber ein Invest, der sich schon nach kürzester Zeit bezahlt gemacht hat.
3. Dimension „Mensch": Alle unserer Mitarbeiter erfreuen sich an der Vertrauensarbeitszeit und dem Vertrauensarbeitsort, auch wenn der ein oder andere noch zu seinem Glück gedrängt werden muss. Der Teamspirit wird großgeschrieben und gepflegt. Eine „Social Wall" informiert über die Einsätze und Einsatzorte der Kollegen, Pitchgewinne werden mit Hilfe einer Schiffsglocke lauthals und gemeinsam gefeiert und der „PX-Fucked-Up-Award" ist eine erste Ausprägung der angestrebten Fehlerkultur. Über das Tool „Teams" sind alle Mitarbeiter „Facebook-mäßig" verbunden und teilen nicht nur Ihre Erfahrungen, sondern helfen sich auch gegenseitig, z.B. bei der Wohnungssuche. Innovative Meetingformate, wie das px-Ray oder das px-Speed-Dating unterstützen den Wissensaustausch. Das für alle transparente Bewertungs- und Entlohnungssystem ist vermutlich in der Branche einzigartig. Stand heute ist die Fluktuation negativ. Wie das geht? Es sind seit dem Umzug mehr ehemalige Mitarbeiter zurückgekehrt, als uns verlassen haben …

What's next

#neverstopreinventing ist ein Motto, das wir nicht nur einem unserem Kunden vorgeschlagen haben, sondern es ist zum Credo unserer täglichen Arbeit geworden. Kein Prozess, keine Tradition, keine Arbeitsweise ist uns heute heilig. Wir haben aus der Phase der Lethargie unsere Lehren gezogen und werden nicht müde, uns immer wieder selbst zu hinterfragen und die Dinge auf den Prüfstand zu stellen. Diese Attitüde, gepaart mit der Verpflichtung zu „radical honesty", also absoluter Ehrlichkeit, auch wenn es manchmal weh tut, ist unsere Erfolgsformel für die Zukunft.

Vielen Dank für Ihre Aufmerksamkeit!

LIVE BLEIBT LIVE

LIVE-KOMMUNIKATION IN ZEITEN DER DIGITALISIERUNG

Patrick Haag

Neben klassischer und virtueller Kommunikation stellt die Live-Kommunikation eine der drei hauptsächlichen Säulen in der Unternehmenskommunikation und dem Marketing-Mix von Unternehmen dar (Kirchgeorg et al., 2009, S. 21). Unter die Instrumente der Live-Kommunikation fallen vor allem Messen, Events, Sponsoring- und Promotionaktivitäten (Kirchgeorg et al., 2011, S. 7 f.) sowie deren zahlreiche Ausgestaltungsformen (Kirchgeorg et al., 2009, S. 17). Die Unterscheidung der Instrumente der Live-Kommunikation zu denen der virtuellen und klassischen Kommunikation erfolgt vor allem durch deren Eigenschaften und Eigenschaftszusammensetzungen, wie die persönliche und direkte Begegnung, die multisensuale und emotionale Kommunikation im Dialog sowie einem daraus entstehenden Erlebnischarakter (z. B. Kroeber-Riel & Gröppel-Klein, 2013, S. 161; Kirchgeorg, et al., 2012, S. 18; Kirchgeorg et al., 2009, S. 17). Einen Überblick der Eigenschaften der unterschiedlichen Kommunikations- und Medienformen geben unter anderem Kirchgeorg, Springer und Brühe (2009, S. 22), wobei diese die folgenden Eigenschaften gegenüberstellen:

- Reichweite
- Ortsgebundenheit
- Zeitgebundenheit
- Kontaktintensität
- Persönlicher Kontakt
- Kontrolle des Rezipientenumfeldes
- Kontaktkosten
- Interaktion
- Erfahrbarkeit
- Emotionalität
- Multisensualität

Als zentrale Herausforderungen der Live-Kommunikation lassen sich hierbei ablesen:

- Ortsgebundenheit
  (Es können nur die Personen live erreicht werden, welche sich am Ort der Veranstaltungen bzw. am Ort der Kommunikationsmaßnahme befinden)
- Zeitgebundenheit
  (Es können nur die Personen live erreicht werden, welche sich zum Zeitpunkt der Veranstaltung bzw. der Kommunikationsmaßnahme vor Ort befinden)
- Reichweite
  (Da nur die Personen live erreicht werden können, welche zum entsprechenden Zeitpunkt am entsprechenden Ort sind, bzw. die Personen nicht live erreicht werden, welche zu diesem Zeitpunkt nicht am entsprechenden Ort sind, ergibt sich eine potenziell geringere Reichweite als bei virtuellen und/oder klassischen Instrumenten, welche zum allergrößten Teil orts- und zeitungebunden sind)
- Kontaktkosten
  (Wenn weniger Personen der Zielgruppe mit einem gegebenen Budget erreicht werden können ergeben sich entsprechend höhere Kontaktkosten)

Als zentrale Chancen und Stärken der Live-Kommunikation können demnach festgehalten werden:

- Hohe Kontaktintensität
  (Durch die persönliche Begegnung und den persönlichen Dialog)
- Erfahrbarkeit und Emotionalität der Kommunikationsmaßnahme
  (Durch Interaktion mit und Einbezug der Zielgruppe sowie durch einmalige, exklusive und außergewöhnliche Aktionen und Handlungen)
- Multisensualität
  (Durch das Ansprechen mehrerer/aller Sinne des Rezipienten)
- Persönlicher Kontakt
  (Durch Face-to-Face-Kommunikation im Dialog)

Während sich durch Veränderungen im Nachfragerverhalten aber auch in den Bereichen der demografischen, Markt-, gesellschaftlichen und technologischen Entwicklungen (Meffert et al. 2018, S. 5), wie zum Beispiel die Digitalisierung, insgesamt aber auch in der Kommunikation neue Situationen ergeben, ist auch in der Medienlandschaft ein kontinuierlicher Wandel auszumachen.

„Die Rolle, die der persönliche Dialog und das direkte Erleben von Produkten und Marken spielen, erlangt [...] verstärkte Beachtung" (Kirchgeorg et al., 2011, S. 7). Unter anderem komplexer werdende Märkte und ein vielerorts zunehmender Wettbewerbsdruck führen dazu, dass vermehrt Veranstaltungen zur Kommunikation mit Kunden, Partnern und Stakeholdern eingesetzt werden (Cheng, 2006, S. 10). Nur circa ein Fünftel der erwachsenen Deutschen vertrauen noch der klassischen Werbung (Wolber, 2014, S. 17), was schließlich dazu führt, dass neue Wege beschritten werden müssen, um einen Wettbewerbsvorteil in der Kommunikation zu schaffen (Cerna & Vana, 2011, S. 1669 f.). „Wer seine Zuhörer begeistern möchte, sollte sie verstehen und abholen" (Gleich et al., 2014, S. 4). So stellt die gleichberechtigte Kommunikation auf Augenhöhe einen entscheidenden Erfolgsfaktor in der Kommunikation dar (Müller, 2014, S. 1).

Die Idee der Live-Kommunikation ist es, Zielgruppen partizipativ einzubeziehen (Gleich, 2014, S. 7) und die Inhalte langfristig im Gedächtnis der Besucher und Teilnehmer zu verankern (Domning, 2010, S. 75). Im Optimalfall geschieht dies durch ein unmittelbares, interaktives, gemeinschaftliches Erlebnis (Wolf et al., 2013, S. 49 ff).

Die Relevanz der Live-Kommunikation spiegelt sich auch in entsprechenden Studien und Erhebungen wider. Über ein Drittel der im Rahmen der FAMAB Kommunikationsstudie befragten Unternehmen geht von einer wachsenden Bedeutung der Live-Kommunikation aus (FAMAB, 2017, S. 11). Rund ein Viertel der Kommunikationsetats der Befragten entfällt auf Instrumenten der Live-Kommunikation (FAMAB, 2017, S. 14). Nach der TOPKOM 500-Studie suchen Unternehmen den direkten Weg zu ihren Stakeholdern (Mast, 2013, S. 5). Auch das Meeting- und Eventbarometer prognostiziert insgesamt eine positive Entwicklung der Veranstaltungsbranche (Schreiber et al., 2018, S. 35). Weiter kann im Bereich von Messen und Ausstellung eine positiver Trend beobachtet werden, welcher sich vor allem durch gestiegene Etats auf Unternehmensseite (AUMA, 2018a, S. 15) oder den Anstieg der gebuchten Standflächen auf deutschen Messen konstatiert (AUMA, 2018b, S. 11 f.).

Ausgehend von diesen Entwicklungen und den aufgeführten Eigenschaften, Herausforderungen, Stärken und Chancen der Live-Kommunikation muss schließlich die Frage gestellt werden, welche Rolle der Digitalisierung im Rahmen der Live-Kommunikation zukommt.

Auf eine breiter gefächerte Auseinandersetzung mit Themen zu Digitalisierung und deren Relevanz in Makro- und Mikroökonomie wird an dieser Stelle verzichtet und auf weiterführende Literatur verwiesen. Im deutschsprachigen Kontext bieten sich hier aktuell unter anderem Werke von Zöller (2019), Deckert (2019), Hermeier, Heupel und Fichtner-Rosada (2019), Reinnarth, Schuster, Möllendorf und Lutz (2018), Anderie (2018), Specht (2018), Neugebauer (2018) oder Radermacher (2018) an.

Konkrete Beispiele, wie Digitalisierung im Bereich der Live-Kommunikation und somit im Kontext von MICE angewandt und eingesetzt werden kann, finden sich in zahlreicher Ausführung vor allem in der Praxis. Auch in diesem Band zur Summer University der DHBW Ravensburg sind zahlreiche (Best) Cases aufgeführt. So thematisiert Stefan Luppold unter anderem das „mit dazu gehören" derer, die nicht anwesend, aber dennoch dabei sind und den Einsatz von „Live-Streaming plus X". Wolfgang Altenstrasser berichtet über digitale Tools und Methoden – konkret, den Einsatz von Mixed-Reality – , die die Reichweite bei Pressekonferenzen und auf Messeständen erhöhen. Phil Zinser zeigt mit dem Zukunftsraum diverse Möglichkeiten innovativer und digitaler Technologien auf, während der Beitrag von Gernot Gehrke komplett digital eingespielt wird. Zudem gehen Philip Häußler und Lydia Vierheilig unter anderem auf Unterstützung und Erweiterung der Veranstaltungen auf mobilen Endgeräten ein.

Die Anwendungsbereiche sind so zahlreich wie die verfügbaren Methoden, Tools und deren Anbieter. Virtual-, Augmented- und Mixed-Reality, Event-Apps, Hologramme, Multimediainszenierungen, Live-Streams, 3D-, 4D- und

5D-Shows oder Anwendungen auf den Endgeräten der Besucher sind nur einige Beispiele. Trotz all dieser Innovationen und dem sich stetig weiterentwickelnden Portfolio an digitalen Möglichkeiten fällt bei erfolgreichen Live-Kommunikationskonzepten jedoch eine Konstante auf: Ein in sich stimmiges, auf die jeweilige Situation, Zielsetzung und Zielgruppe angepasstes Konzept.

Die zahlreichen Möglichkeiten, die Veranstaltern (nicht nur aber auch) durch die Digitalisierung zur Verfügung stehen – sowohl mit kleinen als auch mit größeren Budgets – in Verbindung mit den oben angesprochenen Veränderungen der Umwelt (z. B. die gestiegenen Erwartungen der Veranstaltungsbesucher, deren sinkende Loyalität sowie deren Mobilität und Flexibilität), machen eine professionelle und strategische Herangehensweise an die Live-Kommunikation unabdingbar.

An oberster Stelle muss hierbei die Auseinandersetzung mit strategischen und operativen (Unternehmens-) Zielen, Kommunikationszielen und Zielgruppen stehen. Hieraus lassen sich die Ziele der entsprechenden Zielgruppen ableiten (sog. Zielgruppenziele), auf welche im Rahmen der Live-Kommunikationsmaßnahme eingegangen werden muss. Hierzu stehen den Veranstaltern die entsprechenden analogen und digitalen Methoden und Tools zur Verfügung, wobei die Auswahl immer auf Grundlage der Zielsetzung erfolgen muss (nicht umgekehrt).

Weiter bleibt zu überprüfen, weshalb die Teilnehmer die Veranstaltung, das Event-, den Messestand oder die Konferenz besuchen oder besuchen sollten. Worin liegt deren Motivation, was sind deren Erwartungen und Ziele (Zielgruppenziele)? Sowohl die Praxis als auch die Beiträge im Rahmen der Summer University zeigen, dass sich an diesem Punkt und mit dieser Fragestellung der Kreis schließt und in nahezu allen Fällen wieder die grundlegenden (und nicht zwangsläufig digitalen) Eigenschaften der Live-Kommunikation im Zentrum stehen:

- Erlebnis und Emotionen
- Multisensualität
- Face-to-Face und Kommunikation im Dialog

Insgesamt bietet die Digitalisierung unzählige Möglichkeiten von der Pre-Production über das Event bis hin zur Post-Production. In der hybriden Verbindung von Live- und digitaler Kommunikation ergeben sich Synergien, die zum Beispiel die Emotionen des Live-Events an zahlreiche Rezipienten weiter transportieren und somit die Reichweite erhöhen können. Andere Tools ermöglichen die Überbrückung der Ortsgebundenheit oder die Reduzierung der Zeitgebundenheit und senken dadurch die Kontaktkosten.

So bietet die Digitalisierung im Kontext der Live-Kommunikation zahlreiche Möglichkeiten, die gesetzten Ziele effektiver und/oder effizienter zu erreichen. Eine Substitution der Live-Kommunikation durch digitale Instrumente scheint jedoch unwahrscheinlich bis unrealistisch.

Das Ausprobieren des neuen Fahrzeugs auf dem Messestand oder Event mit dem Geruch des Leders, dem Sound des Motors, dem Gefühl im Cockpit zu sitzen... und dem passenden Essen im Cateringbereich, abgerundet durch ein persönliches und gutes Gespräch mit dem Kundenberater – solche Emotionen können nur in einem persönlichen Aufeinandertreffen mit der Zielgruppe (bzw. der Zielgruppe mit dem Unternehmen, der Marke, dem Produkt oder der Leistung) entstehen und von digitalen Tools unterstützt werden. Wenn es um Erlebnisse, Emotionen, Multisensualität und Face-to-Face-Kommunikation geht, muss festgehalten werden: Live bleibt Live.

Literaturverzeichnis

Anderie, L. (2018). Gamification, Digitalisierung und Industrie 4.0 – Transformation und Disruption verstehen und erfolgreich managen. Wiesbaden: Springer Gabler.

AUMA (2018a). AUMA Messe Trend 2018 (AUMA Edition 48). Berlin: AUMA.

AUMA (2018b). AUMA Die Messewirtschaft – Bilanz 2017. Berlin: AUMA.

Cheng, S. (2006). Financial Services Marketing: Empirical evidence on the impact and effectiveness of marketing events (Dissertation), University of St. Gallen.

Cerna, L. & Vana K. (2011). New Ways in the marketing Communication. Annals of DAAAM & Proceedings, 22(1), 1669-1670.

Deckert, R. (2019). Digitalisierung und Industrie 4.0 – Technologischer Wandel und individuelle Weiterentwicklung. Wiesbaden: Springer Gabler.

Domning, M. (2010). Der Griff nach dem Belohnungssystem – Wie die Wirkung von Events neurowissenschaftlich planbar wird. In C. Zanger (Hrsg.), Stand und Perspektiven der Eventforschung (S. 73-87). Wiesbaden: Springer Gabler.

FAMAB (2017). FAMAB Research. Die Zukunft des Marketing – Kommunikationsstudie 2016. Rheda-Wiedenbrück: FAMAB.

Gleich, M. (2014). Von kongrässlich zu kongenial. In M. Gleich (Hrsg.), Der Kongress tanzt (S. 5-23). Wiesbaden: Springer.

Gleich, M., Danz, G., Gadow, T., Gögl, H.-J., Klug, T., Leitschuh, H. et al. (2014). Was uns bewegt. Das Manifest. In M. Gleich (Hrsg.), Der Kongress tanzt (S. 3-4). Wiesbaden: Springer.

Hermeier, B., Heupel, T. & Fichtner-Rosada, S. (2019). Arbeitswelt der Zukunft – Wie die Digitalisierung unsere Arbeitsplätze und Arbeitsweisen verändert. Wiesbaden: Springer Gabler.

Kirchgeorg, M, Bruhn, M. & Hartmann, D. (2011). Live Communication im Wandel der Kommunikationsportfolios – Substitution oder Integration?. Marketing Review St. Gallen, 2, 7-13.

Kirchgeorg, M., Springer, C. & Brühe, C. (2012). Effizienz und Effektivität der Live Communication im branchenübergreifenden Vergleich. In O. Nickel (Hrsg.), Eventmarketing – Grundlagen und Erfolgsbeispiele (2. Aufl., S. 17-36). München: Vahlen.

Kirchgeorg, M., Springer, C. & Brühe, C. (2009). Live Communication Management – Ein strategischer Leitfaden zur Konzeption, Umsetzung und Erfolgskontrolle. Wiesbaden: Gabler.

Kroeber-Riel, W. & Gröppel-Klein, A. (2013). Konsumentenverhalten (10. Aufl.). München: Vahlen.

Mast, C. (2013). TOPKOM 2013. Quo vadis Unternehmenskommunikation? – Umfrage bei den DAX- und Top 500-Unternehmen in Deutschland. Stuttgart: Universität Hohenheim.

Meffert, H., Burmann, C. & Hadwich K. (2018). Dienstleistungsmarketing – Grundlagen – Konzepte – Methoden (9. Aufl.). Wiesbaden: Springer Gabler.

Müller, S. (2014). Kundenkommunikation bei Events: Interaktion planen und erfolgreich umsetzen. Wiesbaden: Springer Gabler.

Neugebauer, R. (2018). Digitalisierung – Schlüsseltechnologien für Wirtschaft und Gesellschaft. Wiesbaden: Springer Gabler.

Radermacher, I. (2018). Digitalisierung selbst denken: Eine Anleitung mit der Transformation gelingt. Göttingen: BusinessVillage

Reinnarth, J., Schuster, C., Möllendorf, J. & Lutz, A. (2018). Chefsache Digitalisierung 4.0. Wiesbaden: Springer Gabler.

Schreiber, M.-T., Kunze, R. & Dessi, A., (2018). Meeting- & EventBarometer Deutschland 2017/18. Die Deutschland-Studie des Kongress- und Veranstaltungsmarktes. Frankfurt am Main: EITW.

Die Autoren

Prof. Stefan Luppold
Duale Hochschule Baden-Württemberg (DHBW)
Studiengangsleiter Messe-, Kongress- und
Eventmanagement

Wolfgang Altenstrasser
VOK DAMS. Events GmbH
Director Corporate Communication

Timo Kargus
World Hosting Days GmbH
Business Developement

Phil Zinser
Digitales Zukunftszentrum Allgäu - Oberschwaben
Futurist & Visionär

Prof. Dr. Gernot Gehrke
Hochschule Hannover
Professor an der Hochschule Hannover

Oliver Malat
Oliver Malat
Meeting Designer, Geschäftsführer von Klubhaus - Agentur für intelligente Live-Kommunikation

Philip Häußler
Messe Augsburg | ASMV GmbH
Teamleiter Eigenveranstaltungen Messe Augsburg

Lydia Vierheilig
Projektmanagerin Marketing | Event & Messe
bei Bayern Innovativ GmbH

Christian Münch
planworx AG
CEO

Patrick Haag
Haag International Events
Geschäftsführender Inhaber